주식
시장은
되풀이된다

위즈덤하우스

다시 왔다!

주가가 반등하는 9가지 상승 시그널

주식 시장은 되풀이된다

효라클(김성효) 지음

"최근 돈 좀 잃으셨어요?"

상실감을 수익으로 바꿔주는 책

주식 투자, 이렇게 하니 쉽더라

미래를 예측하지 말고 대응하라

나는 어릴 때 아버지에게 자전거 타는 법을 배웠다. 처음에는 네발자전거를 타다가 두발자전거 타는 법을 배우고자 아파트 단지 앞 골목길에서 주말마다 연습했다. 그때 아버지는 내가 두발자전거를 탈 때 균형을 잃지 않도록 뒤에서 잡아주면서 같이 뛰어다녔는데, 어느 날 갑자기 뒤를 돌아보니 아버지가 저 멀리 보였다. 나도 모르게 어느새 혼자서 두발자전거를 탔다. 나중에 여쭤보니 어쩌다 손을 놓쳤는데 내가 넘어지지 않고 잘 가더라고, 그래서 다음부터는 출발할 때만 뒤에서 잡아주는 척을 하고 출발하면 놔줬다는 것이다.

영어를 공부할 때도 마찬가지였다. 중고등학교 방학 때마다 다니던 서울어학원은 스파르타 학습으로 유명했다. 아침마다 토플 한 세트를 풀고 바로 채점해서 성적별로 반을 나눴다. 이후 종일 선생님의 수업을 들은 뒤 마지막에 원장님이 직접 숙제 검사를 했다. 숙제가 단어 외우기였을 경우 단어 시험도 따로 봤다. 숙제를 안 해오거나 단어 시험을 잘 보지 못하면 매를 맞기도 하고 혼나기도 했다.

여름에 특히 더 힘들었는데, 여름 방학을 맞아 한국으로 들어와 이 학원에 다니는 유학생들이 많았기 때문이다. 유학하러 갔으면 거기 있는 게 영어 공부에 훨씬 더 도움이 될 텐데 왜 굳이 한국 학원에서 공부하는지 의아했으나 이구동성으로 이곳에서 영어 실력이 더 향상된다고 말했다.

나는 처음에 당연히 그들보다 훨씬 뒤처져 주눅이 들었다. 자기네끼리 영어로 대화하는 분위기 속에서 나는 3~4반 레벨에서 맴돌았다. 빠지지 않고 숙제를 했고 단어도 열심히 외웠는데 성적은 별로 오르지 않았다. 원래부터 잘하던 애들은 계속 잘하고 나는 제자리를 맴돈다고 생각할 무렵, 갑자기 내가 1반에 편성됐다. 처음 한두 번은 우연이라고 생각했는데 점차 내가 1반에 가는 것이 당연해지기 시작했다.

그렇다고 해서 내가 특별히 더 열심히 한 것도 아니었다. 나는 그저 꾸준히 했을 뿐인데 어느 날 갑자기 안 들리던 영어 문장이 들리기 시작하고, 이해 안 가던 문장이 이해되기 시작했다. 결국, 고등학교 시절 서울대학교에서 주최한 전국 고등학교 영어 경시대회에서

은상을 받았다(참고로 당시 금상을 받은 사람이 안현모다).

이렇게 나는 늘 계단식으로 성장하는 인생을 살아왔다. 서울과학고등학교에 다녔기 때문에 주변에는 한국 최고의 과학 영재들이 득실댔는데, 친구들에게 물어봐도 대답은 같았다. 수학이나 과학 실력이 갑자기 올랐다는 것이다. 그 시점이나 계기는 모두 달랐지만, 공통점은 깨달음의 순간이 갑자기 찾아왔다는 것이었다. 물론 그 뒤에 꾸준한 노력이 있었던 것은 당연하다.

시그널만 잘 포착해도 돈을 번다

주식 투자도 마찬가지다. 나는 이 책에서 소개할 아홉 가지 시그널 중에서 세 번을 포착했는데, 그때마다 자산이 계단식으로 늘어났다. 내가 본격적으로 주식 투자를 시작한 것은 연봉이 급격하게 줄어들던 2015년 무렵이었다. 그 이전에 발생한 동일본 대지진, 〈강남스타일〉의 인기 등으로는 수익을 올릴 수 없었지만, 2017년 비트코인, 2018년 방탄소년단, 2020년 코로나19까지 연이은 성공을 거뒀다. 왜 큰 기회를 잡아야만 성공할 수 있을까? 바로 돈의 쏠림 현상 때문이다.

한국 주식으로 돈을 벌려면 많은 투자자가 몰리는 곳으로 옮겨 다니면서 투자해야 한다. 이론상으로는 그렇다. 이게 말은 쉬울지 몰라도 막상 찾아다니는 일은 쉽지 않다. 그게 쉬웠다면 주식에 투자하는 사람들 모두 부자가 됐을 것이다.

주식 시장은 구름에 가려진 산처럼 모호한 경우가 많다. 그래서 중요한 것이 바로 이 책에서 소개하는 '큰 사건들'이다. 평상시에는 트렌드를 예측하는 게 쉽지 않다. 그러나 큰 사건이 발생하면 어디에 투자해야 할지 선명해진다.

예를 들어 일본에서 지진이 난다면 어디에 투자해야 할지, 비트코인이 오른다면 어디에 투자해야 할지, 전염병이 창궐하면 어디에 투자해야 할지 곧바로 알 수 있다. 구름이 걷히면서 시장의 난도는 갑자기 '하'로 떨어진다. 이처럼 상황이 확실하니 많은 자산을 적극적으로 투자할 수도 있고, 성공에 따른 자산 증가의 폭도 훨씬 커진다.

그래서 이 책에서는 세계 시장을 크게 뒤흔들었던 중요 이슈들과 그에 따른 주가의 움직임을 상세히 설명하고자 한다.

지금 왜 과거를 공부해야 할까? "아 이때 이랬더라면…"과 같은 후회를 하기 위해서일까? 아니면 단순히 "그땐 그랬지"라고 사실을 확인하기 위해서일까? 모두 아니다. 비슷한 유형의 사건은 다시 발생할 수 있다. 우리는 과거의 사례를 공부함으로써 다가올 위기에 빠르게 대처할 수 있다.

물론 모든 일에 대비하는 것은 불가능하다. 경험해보지 못한 새로운 사건들이 계속해서 발생하기 때문이다. 하지만 최소한 우리가 대비할 수 있는 사건만이라도 철저히 준비한다면 충분히 만족할 만한 수익을 올릴 수 있다. 새로운 사건을 연구하는 것은 그 뒤에 하면 그만이다.

나는 언제나 "미래를 예측하지 말고 대응하자"라고 주장한다. 미래는 알 수 없기에 함부로 예측하는 것은 위험하다. 특히 바람 잘 날 없는 한국 증시에서는 더 그렇다. 예측하지 말라는 의미는 알겠는데, 그렇다면 어떻게 대응하라는 걸까? 그 답이 바로 이 책이다. 여러분 모두가 이 책을 읽고 언제 발생할지 모르는 사건들에 잘 대응할 수 있었으면 좋겠다.

투자를 잘하는 사람들의 특징

학생들을 가르치다 보면 같이 배워도 주식 투자를 금방 잘하는 사람이 있고, 그렇지 않은 사람이 있다. 물론 주식뿐만 아니라 다른 것도 마찬가지다. 그렇다면 주식 투자를 금방 잘하는 사람과 그렇지 못한 사람의 가장 큰 차이점은 무엇일까?

'유연성'이다. 주식 투자의 경우, 유연성이 모든 것을 결정한다. 유연성이 좋은 사람은 '세상은 반드시 이래야 한다'라는 생각을 하지 않는다. 이들은 도대체 왜 세상이 꼭 그래야 하는지 이해할 수 없다. 이를 나쁘게 말하면 부적응자Misfits라고 표현할 수 있다.

어떻게 보면 이 세상에 적응한다는 것은 '세상이 이렇게 돼야만 한다'라는 것을 받아들이는 과정인지도 모른다. 그렇다면 유연성이 뛰어난 사람들은 세상을 어떻게 받아들일까? 바로 관찰을 통해서다.

이들은 세상이 움직이는 원리를 배우고 현상을 끼워 맞추는 것이 아니라, 현상을 먼저 관찰해서 나름의 규칙을 도출한다. 따라서 이들이 세상을 이해하는 방식은 보통 사람과 다르다. 특히 주식 시장처럼 온갖 사회 현상이 뒤죽박죽 얽힌 곳에서는 일관된 이론보다는 현상을 관찰해서 얻은 통찰력이 더 빛을 발한다.

주식 시장의 모든 현상을 완벽하게 설명할 수 있는 이론이 나왔다고 치자. 그 이론이 나오는 순간 사람들은 과거의 모든 경우가 다 설명된다며 환호하겠지만, 바로 다음 날부터 수많은 예외가 쏟아질 것이다. 이것은 마치 전자를 관측하는 순간 입자처럼 움직이고 그냥 놔두면 파동의 성질을 띠게 된다는 양자역학과도 같다. 이론으로 정립되기 전까지는 어떤 원칙에 따라 움직이던 것도 막상 세상에 알려지면 더는 그대로 움직이지 않는다. 따라서 주식 시장에서 통하는 이론을 찾으려고 애쓰는 일은 무의미하다.

주식 시장의 기본 원칙이라고 알려진 '주가는 실적과 비례한다' 라는 단순한 명제마저도 반례가 수없이 많다. 그렇다면 여기서 아주 중요한 질문을 던질 수 있다. 어떤 대원칙을 세우고 그에 맞지 않는 수많은 반례를 일일이 걸러내면서 투자할 것인가? 아니면 그냥 아무런 원칙 없이 투자할 것인가?

앞서 말한 유연성이 뛰어난 사람들은 원칙 없이 투자하는 것을 선택한다. 그렇다면 이들은 어떻게 투자하는 것일까? 관찰로 얻어진 나름의 규칙을 통해서다. 예를 들어 주가와 실적과의 관계를 놓고 보자. 데이터를 분석한 결과, 주가와 실적이 비례하는 경우가 많지 않다면 이들은 '주가와 실적은 무관하다'라고 생각한다. 그리고 주가에 영향을 더 크게 미치는 다른 요소를 찾아서 떠난다.

하지만 '주가와 실적이 반드시 비례해야 한다'라는 신념에 따라 행동하는 사람들은 자꾸 옳고 그름을 따지려고 한다. 지금 한국 주식 시장은 왜곡됐다는 둥 결국은 주가가 실적을 따라서 갈 거라는 둥 하면서 말이다. 하지만 애초에 왜 주가가 실적과 비례해야 하는지 이유를 전혀 모르는 사람들은 현상을 있는 그대로 받아들인다. 지금까지의 이론은 누군가가 특정 시점으로부터 과거의 사례를 분석해서 만든 것이기 때문에 지금 시점에서는 쓸모없다는 것을 잘 안다. 이런 사람들은 남에게 의존하지 않고 스스로 데이터를 분석해 새로운 규칙을 찾아낸다. 즉 '세상이 이래야 한다'라는 것은 종교적 신념이나 법률 같은 것에 어울리지 주식 시장에는 전혀 맞지 않는 개념이다. 비록 사회에서는 부적응자 취급을 받을지 몰라도 유연성이 뛰어난 사람은 한국 주식 시장에서만큼은 최고의 능력을 발휘할 수 있다.

유연성이 뛰어난 사람은 미국에서 정립된 대부분의 주식 이론이 한국 시장과 전혀 맞지 않는다는 사실을 빨리 깨닫는다. 내가 가르친 학생 중에는 일주일 만에 이것을 깨닫는 학생도 있었다. 반면 이 사실을 죽을 때까지 깨닫지 못하는 사람도 있다. 빨리 깨달으면 왜 좋을까? 시간과 자원을 관찰에 쏟을 수 있기 때문이다. 즉, 기존 이론을 배워서 그것을 현실에 적용하려는 사람은 수많은 반례로 인해 투자에 많은 어려움을 겪으며 이론과 실제의 차이를 몸소 체험한다.

하지만 일찌감치 관찰을 통해 기존 이론이 실제 적용되는 사례가 많지 않다는 것을 깨달은 사람들은 새로운 규칙을 찾기 위해서 빨리 앞으로 나아간다. 우리에게 주어진 시간은 제한적이기 때문에 이 차이가 사실상 평생의 운명을 좌우한다.

기존 주식 이론이 전혀 통하지 않는 곳

그렇다면 도대체 왜 기존의 주식 이론이 한국 주식 시장에서 잘 통하지 않는 걸까? 시장의 크기 차이 때문이다. 한국의 경제 규모는 미국의 5%에 지나지 않는다. 코스피에 상장된 모든 기업의 시가총액을 다 합쳐도 애플 하나보다 작다. 이런 작은 경제 규모 때문에 한국 주식 시장은 국외 자본에 의해 심하게 흔들린다. 이는 특히 세계 경제가 안 좋을 때 더 나쁘게 작용한다.

여러분이 서울 강남에 고급 아파트와 시골에 농가를 소유하고 있다고 가정해보자. 정부가 2주택 중과세라는 부동산 규제를 시행한다면 어떤 집을 팔겠는가? 당연히 농가다. 한국 주식은 바로 이 농가와 같다. 세계 경기가 안 좋아지면 외국인 투자자들이 가장 먼저 발을 빼는 곳이다. 이러한 특성을 무시하고 미국 주식 시장에서 통하는 이론을 그대로 적용한다는 것은 전혀 맞지 않는 토양에서 작물을 재배하는 것과 다름없다.

게다가 한국 경제는 수출 의존도도 높다. 사실 나라의 경제 규모가 작아도 내수와 수출이 균형을 이룬다면 해외의 악재는 큰 타격을 주지 못한다. 하지만 한국은 경제 규모도 작은 데다가 수출이 경제에서 차지하는 비중이 크니 미국의 경기가 나빠지면 타격을 더 입는 것이다.

왜 한국은 내수 경제의 비중이 작을까? 그것은 사회적으로 부자를 존중하지 않기 때문이다. 이를 보여주는 가장 대표적인 사례가 2018년 문을 연 인천공항 제2터미널이다. 당시 새롭게 문을 연 인천공항 제2터미널에는 원래 패스트트랙이 운영될 예정이었다. 패스트트랙은 퍼스트클래스와 비즈니스클래스 승객이 보안 검색과 출입국 절차를 빠르게 할 수 있게 돕는 통로인데, 개장을 며칠 앞두고 '승무원·도심 공항'으로 명칭이 바뀌었다. 바뀐 이유는 일반석 승객에게 위화감을 조성할 수 있고 국민 여론이 부정적일 수 있다는 것이었다.

그렇다면 해외는 어떨까? 국제선 승객 수가 많은 상위 스무 개 공항 중에서 패스트트랙이 없는 나라는 한국이 유일하다. 그래서 나는 입국 절차를 빠르게 마쳤지만 출국할 때는 늘 길게 줄을 서서 기다려야 했다. 태국의 방콕이나 대만의 타이베이, 말레이시아의 쿠알라룸푸르에도 있는 패스트트랙이 위화감을 조성한다는 이유만으로 한국에는 없다.

그런데 왜 일반석 승객들은 비교적 저렴한 가격으로 비행기를 탈 수 있는 것일까? 당연히 퍼스트클래스와 비즈니스클래스 승객이 비싼 돈을 내고 타니까 그런 것이다. 만약 좌석 간 요금 차이가 전혀 없이 항공기 운항 비용을 n분의 1로 나눠 낸다면 일반석 승객들은 훨씬 더 비싼 요금을 내야 한다. 그런데도 일반석 승객들의 눈치를 보느라 퍼스트·비즈니스클래스 승객만을 위한 패스트트랙을 만들지 못한다. 사회 분위기가 이러니 부자들은 돈을 쓰고 싶어도 쓸 마음이 들지 않는다. 부자들을 위해서 다양한 상품을 개발하고 분화된 서비스를 제공하기보다는 대다수 일반 고객들의 눈치를 보는 일이 다반사다.

한국에서는 명품 기업 또한 탄생하기 힘들다. 단순히 패션뿐만 아니라 가구, 자동차 등 라이프 스타일 전반에 걸쳐 호화로울수록 욕만 먹는 사회 분위기다. 부자들이 해외로 눈을 돌려 해외 브랜드를 살 수밖에 없는 이유다. 이런 분위기에서 내수 경제가 좋을 것이라 기대하기는 어렵다. 한국 주식 시장과 세계 최강의 소비 왕국인 미국 주식 시장을 비교한다는 것 자체가 어불성설이다.

이 밖에도 이사회의 권한과 역할, 주주 이익 보호 장치, 처벌 규정 등 수없이 많은 차이가 있음에도 불구하고 아직도 미국 주식에 맞는 이론을 한국에 억지로 적용하려는 사람들을 보면 너무나 안타깝다. 그런 것에 사로잡힐수록 수많은 반례 때문에 한국 주식이 더욱 어렵게만 느껴진다. '어? 분명 이런 게 옳다고 배웠는데 맞지 않네? 한국 주식 시장은 글러 먹었군'이라고 생각하며 결국 주식 투자를 관두는 경우가 다반사다. 하지만 애초에 옳고 그름의 잣대가 없다면 어떨까? 여러 현상을 받아들이기가 훨씬 더 수월할 것이다. 이것이 한국 주식을 대하는 최적의 마음가짐이다. 다음 단계는 무엇일까? 바로 기회를 잡는 것이다.

흔히 '인생은 한 방이다'라는 말은 부정적으로 사용된다. 특히 투자에 있어서 그런 말을 하면 투자가 아니라 투기꾼으로 몰리기에 십상이다. 하지만 한국 주식의 특성을 고려해볼 때 수익을 내기 가장 쉬운 방법은 큰 기회를 잡는 것이다. 한국 주식 시장에 투자되는 돈은 너무 적기 때문에 수급이 골고루 퍼질 수가 없다.

2020년 코로나19로 개인 투자자의 자금이 대거 증시에 유입되면서 모든 종목이 고루 올랐던 때가 있었지만 원래는 그렇지 않았다. 한국 증시는 대개 극단적 쏠림 현상이 발생하는 곳인데, 이는 수도관은 여러 개인데 흐르는 물의 양은 턱없이 부족해서 생기는 현상이다. 한국에는 반도체, 2차 전지, 자동차, 바이오, 조선, 철강, 건설, 엔터테인먼트, 게임 등 정말 많은 산업군이 있다. 그러나 증시에 유입되는 돈의 양이 적다 보니 전부 다 투자할 순 없고, 특정 섹터에 일시적으로 투자금이 많이 몰리면서 일부 종목들만 오르는 것이다. 따라서 평상시에는 어떤 기업에 투자해야 할지 모호할 때가 많다. 도대체 어디에 돈이 몰릴지 예측하기 힘들기 때문이다.

하지만 증시가 흔들릴 만큼 큰 사건이 발생한다면? 오히려 투자의 방향은 예측하기 쉬워진다. 자금이 한 방향으로 일제히 쏠리기 때문이다. 따라서 이때 큰 기회를 잡느냐 못 잡느냐가 수익률을 판가름한다. 나머지 기간의 수익률은? 사실 별로 중요하지 않다. 어차피 한국 증시가 좋은 해는 그렇게 많지 않기 때문이다. 이렇게 큰 기회를 잡는 데 성공하면 여러분의 자산은 계단식으로 한 단계 점프할 것이다. 그리고 기회와 기회 사이의 구간은 평탄한 모습을 띤다.

이 책은 한국 증시 역사에서 큰 기회였던 사례들을 상세히 소개한다. 단순히 지나고 나서 '아, 이건 참 큰 기회였어'라고 마는 것이 아니라, 실제로 내가 그 기회를 어떻게 잡았는지 생생하게 적었다. 독자들은 이 책을 읽으면서 상황별로 비슷한 사건이 다시 일어난다면 어떻게 해야 할지 확실한 방법을 마련할 수 있을 것이다. 마치 요리법처럼 이럴 땐 이렇게, 저럴 땐 저렇게 대처해야 한다는 깨달음을 나의 경험을 통해서 얻었으면 좋겠다. 여러분이 어서 환상에서 벗어나 현실을 직시하고 쉬운 투자법을 익히면 더 바랄 것이 없겠다.

_ 효라클

| 차례 |

전염병

엔터테인먼트

스마트폰

금융 위기

전쟁

외교 갈등

선거

비트코인

새로운 기술에 투자 포인트가 숨어 있다

때는 2017년, 전 세계는 비트코인 광풍에 휩싸였다. 비트코인이 처음 등장한 것은 그보다 훨씬 전이었지만, 본격적으로 가격이 급등하면서 사람들에게 널리 알려졌다. 비트코인이라는 생소한 자산이 등장하자 사람들의 반응은 엇갈렸다. 누구는 네덜란드의 튤립 파동과 같이 곧 사라질 거품이라고 평가 절하했고, 누구는 이것이 곧 화폐의 미래라고 칭송했다. 비트코인과 더불어서 블록체인이라는 기술이 주목받기 시작했고, 새로운 기술이 늘 그렇듯이 이것이 곧 우리의 미래라며 다 같이 흥분했다.

비트코인이 블록체인이라는 새로운 기술에 기반해서 주목받기 시작했을 때, 많은 사람이 블록체인을 공부했다. 이들은 '공부해서 이해하고 투자한다'라는 유형이다. 대학에서는 블록체인 관련 과목들이 개설됐고 수많은 온라인교육 업체에서는 블록체인 관련 강의를 만들어서 팔기 시작했다.

일부는 비트코인을 바로 샀다. 이들은 행동이 앞서는 유형이다. 새로운 가전제품을 사서 포장을 뜯을 때 사용설명서를 꼼꼼히 읽고 나서 설치하는 사람과 일단 사용부터 해보는 사람이 나뉘듯이 이 세상 모든 새로운 것을 대할 때의 자세는 크게 두 가지다.

나는 극단적으로 행동이 앞서는 행동주의자다. 나는 차를 사도 사용설명서를 읽지 않고 주행부터 하고, 가전제품이 와도 일단 전원부터 켠다. 아이폰 3GS가 나왔을 때도 그랬다. 스마트폰을 처음 써봤지만, 역시 사용설명서는 읽지 않았다. 그래서 사용설명서는 보통 상자를 버릴 때 같이 버리는데 그 안에 가끔 보증서가 들어 있어서 당근마켓에 팔 때 애를 먹기도 한다. 이런 내가 선택한 행동은 너무나도 당연하게 빗썸에 계좌를 연결하고 비트코인부터 사는 것이었다. 그리고 그 선택은 나를 퇴사로 이끌었다.

그 당시 블록체인을 열심히 공부했던 사람들은 어떻게 됐을까? 블록체인 전문가가 돼서 여러 분야에서 활동하고 있을 수도 있고 2021년 비트코인 붐이 다시 일어났을 때 돈을 많이 벌었을 수도 있다. 어쨌든 무조건 행동이 먼저인 나는 일단 비트코인부터 사놓고 나중에서야 공부했는데, 블록체인을 공부할수록 어려워서 중간에 그만뒀다. 그래도 돈을 버는 데는 아무런 문제가 없었다. 블록체인을 잘 몰라도 인간의 본성을 누구보다도 잘 이해했기 때문이다.

나는 주식에 투자하면서 시야가 엄청나게 넓어졌다. 사람들은 보통 한국 반도체 산업의 구조나 세계 IT 산업의 전망 등을 알게 되면서 세상을 보는 눈이 달라졌다고 말한다. 그러나 나는 그런 것보다는 인간의 본성을 이해하게 됐다. 내가 이해한 인간의 중요한 본성은 '희망'이다.

새로운 기술의 발전은 사람들을 매료시킨다. 아주 작은 가능성만 발견해도 사람들은 상상의 나래를 펼친다. 그것은 적중하기도 하고 빗나가기도 한다. 2009년 영화 〈아바타〉가 전 세계를 휩쓸었을 때 이제 영화의 미래는 3D라는 것에 이의를 제기하는 사람은 거의 없었다. 관객들은 앞으로 다양한 3D 영화들이 상영되리라 기대했다. 하지만 그런 일은 일어나지 않았다. 대신 관객들의 마음을 사로잡은 것은 마블코믹스의 다양한 영웅과 넷플릭스의 영상이었다.

같은 시기인 2009년 처음으로 선보인 아이폰도 많은 사람을 흥분시켰다. 이제 휴대전화를 통해 게임을 할 수 있고 원하는 음악도 들을 수 있으며, 인터넷도 마음대로 할 수 있다는 사실에 전 세계는 경악했다. 통화나 문자만 하던 기존의 피처폰은 사라지고 스마트폰이 온 세상을 장악하리라 생각했다. 그 예상은 적중했다. 스마트폰은 사람들의 일상에 스며들어 삶의 방식을 완전히 바꿔놓았다.

이처럼 같은 시기에 벌어진 사건이라 해도 결과는 정반대다. 실제로 세상을 바꿀 것이라고 평가받던 새로운 기술이 여러 문제로 실망감을 안겨주면서 사람들의 관심사에서 멀어지는 경우는 허다하다. 반대로 처음에는 별 주목받지 못하던 것이 갑자기 어떤 계기로 널리 쓰이는 일도 있다. 이처럼 예상은 늘 틀리게 마련이다. 하지만 중요한 것은 사람들이 '희망'을 갖는다는 점이다.

새로운 기술이 등장하면 사람들은 금세 빠져들고 앞으로의 미래를 마구 상상한다. 이것은 인간의 본성이다. 상상이 현실이 되지 않더라도 미래를 상상하는 일은 그저 즐겁다. 마치 아이들이 장난감을 가지고 끝없이 상상의 나래를 펼치는 것처럼 말이다.

비트코인도 예외는 아니어서 곧 비트코인이 각국의 중앙정부가 발행하는 화폐를 대체할 것처럼 여기는 사람들이 늘어났다. 물론 여기에 반기를 드는 사람들도 있었지만, 초반에는 늘 상상력이 풍부한 사람들이 분위기를 이끈다. 이는 매우 중요한 투자 포인트다. 어차피 정확한 예측은 불가능하다. 긍정적인 사람들이 장밋빛 전망을 제시하면 사람들은 그것을 믿고 싶어 한다. 가능성이 크든 작든 뭔가 변화하고 낡은 것을 뜯어고치면서 새로운 시대가 도래하는 느낌을 사람들은 좋아한다.

인간의 본성을 알고 투자하면 그 끝은 달콤하리라

우리가 비트코인 열풍을 살펴보면서 이해해야 하는 것이 바로 '인간의 본성'이다. 주식이든 부동산이든 결국 사람이 거래하는 것이기에 모든 자산의 방향성은 인간의 본성을 반영할 수밖에 없다. 우리가 과거의 주요 사건들을 통해 알아야 하는 것은 역사적 사실이 아니라 인간의 본성이 현실에 어떻게 반영됐고, 그것이 금융 시장에 어떤 영향을 미쳤는가다.

세상에는 생각보다 인간의 본성을 이해하지 않고 투자하는 사람들이 많다. 인간이기 때문에 스스로 잘 안다고 생각하지만 사실은 그렇지 않다. 인간은 매우 복잡해서 끊임없이 탐구해야 이해할 수 있는 존재다. 여러분이 이 책을 읽고 '과거에 내가 이랬더라면'이라는 때늦은 후회를 느끼기보다 앞으로 비슷한 사건이 일어났을 때 대처할 수 있는 자신감을 얻었으면 한다.

블록체인 기술에 기반한 탈중앙화라니! 각국의 중앙정부가 수백 년간 지속해온 화폐 제도가 바뀐다니! 많은 사람이 충분히 열광할 만한 주제였다. 이런 분위기를 타고 비트코인은 거침없이 상승했다. 2017년 1월 100만 원 정도에 거래됐던 비트코인은 5월에 300만 원, 8월에 500만 원을 돌파하며 폭등세를 기록했다. 그러자 많은 사람이 관심을 두기 시작했다. 여기에서 사람들의 반응은 크게 두 가지로 나타났는데, 여기서 모든 것이 갈렸다.

1. "비트코인은 실제 없는 거품이잖아. 이건 투기야!"
2. "비트코인은 미래의 공용 화폐가 될 거야. 지금이 가장 쌀 때야."

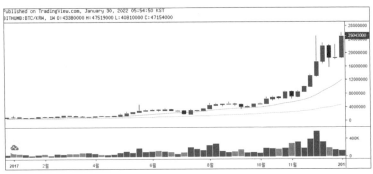

출처 : 빗썸

다들 알겠지만 2번이라고 생각한 사람들은 자신들이 가진 돈을 모두 넣어 비트코인에 투자했고, 비트코인 가격은 더욱 거침없이 상승했다. 12월이 되자 비트코인은 2,000만 원을 돌파하며 화려하게 연말을 장식했다.

이 과정에서 상당히 재미있는 현상이 벌어졌는데, 바로 '김치 프리미엄'이다. 이는 한국의 암호화폐 거래소에서 거래되는 비트코인의 가격이 해외 거래소보다 압도적으로 비싼 현상 때문에 생긴 용어다. 한국 거래소의 비트코인 가격이 해외 거래소보다 얼마나 비싼지를 지칭하는 김치 프리미엄은 한때 50%를 기록할 만큼 벌어졌는데, 이는 한국의 투자 열풍이 세계적 수준이었음을 보여준다.

비트코인뿐만 아니라 이더리움, 리플 등 모든 코인의 가격이 해외 거래소보다 30% 이상 높은 가격에 거래될 만큼 한국의 암호화폐 열풍은 거셌다. 외신들도 이를 앞다투어 보도했다. 《월스트리트저널》

은 한국이 전 세계 비트코인 가격을 선도한다고 보도했고,《블룸버그》는 한국이 비트코인의 그라운드 제로(핵폭탄이 터지는 지점)라고 소개했다. 당시 기사를 보면 세계 비트코인 거래의 60%가 일본에서 20%가 한국에서 이뤄졌다고 한다. 한국이 전 세계 GDP에서 차지하는 비중은 겨우 1.9%였지만, 비트코인 시장에서만큼은 굉장한 영향력을 행사한 셈이다. 빗썸을 비롯한 한국 거래소에서 거래되는 비트코인의 가격이 오르면 미국 등 다른 나라의 비트코인 가격도 덩달아 올랐다. 이것은 굉장히 짜릿한 경험이었다.

늘 미국 증시에 휘둘렸던 한국 증시와는 반대로 한국이 전 세계의 비트코인 시세를 주도하다니! 실적도 제대로 반영하지 못하고 늘 외국인 투자자들의 장난질에 시달리며 해외 악재란 악재는 죄다 반영하던 한국 증시에 지친 많은 이들이 열광했다. 2021년이 되면서 비트코인의 가격은 그 당시보다 훨씬 더 올랐지만 이미 미국이 주도하는 시장이 돼버린 탓에 투자하는 재미는 2017년만 못 했다.

이 과정에서 수많은 밈(비유전적 문화 요소 또는 문화의 전달 단위라는 뜻으로 최근에는 인터넷상에 유행하는 2차 창작물이나 패러디물을 의미)이 형성되면서 투자를 하나의 놀이로 인식하는 문화가 생겨났다. 암호화폐는 24시간 거래되기 때문에 새벽에도 각종 커뮤니티에 밈을 올리며 노는 사람들이 많았다. 다음 날 회사에 가면 밤새 잠을 설친 사람들이 한둘이 아니었다. 나도 그들 중 하나였기 때문에 서로 딱 보면 알 수 있었다. "응. 너도?"

이를 기존 투자 업계나 언론에서는 한결같이 부정적으로 봤다. 비트코인의 실체가 없는데 이러한 현상은 투기라는 입장이었다. 앞서 말한 사람들의 반응 두 가지 중에서 1번에 해당하는 것이다.

흔히들 사람들은 만약 과거로 돌아갈 수 있다면 전 재산을 비트코인에 투자하겠다고 말한다. 이러한 생각을 하는 사람들은 2017년 당시에 1번 반응을 선택했다. 그렇다면 그 사람들은 2021년에 비트코인이 8,000만 원을 돌파하며 2017년 최고가보다 세 배 이상 폭등하던 때는 돈을 벌었을까?

거의 그렇지 않다. 오히려 2018년에 폭락하는 비트코인을 보며 "거봐. 내 말이 맞았지" 하면서 좋아했을 것이다. 그런 사람들이 2021년에 비트코인이 다시 2,000만 원을 돌파했을 때 과감히 투자했을까? 이번에도 거품이라며 무시했을 가능성이 크다. 2021년에 비트코인으로 돈을 번 사람들은 2017년 당시 2번 반응을 선택했다. 결국 이러한 성향 차이는 평생에 걸쳐서 많은 기회를 잡느냐 못 잡느냐를 결정한다. 그런데 우리가 기회를 못 잡는 가장 큰 이유는 언론이다. 언론은 늘 기존의 강자를 대변하는 역할을 해서 거의 모든 경우에 1번 같은 식의 입장을 고수한다. 언론이 이럴 수밖에 없는 것은 기존의 시장 질서를 무너뜨리고 싶지 않은 기득권이 중요한 광고주이기 때문이다. 새로운 기회에 속하는 진영은 시장이 아직 형성되지 않아서 언론사에 광고를 낼 수 없다. 따라서 언론은 두 가지 입장을 균형 있게 보도하는 것이 아니라 기득권 세력의 상황을 대변하는 쪽으로 치우치게 마련이다.

뉴스나 기사를 참고하면 기존의 전통 산업인 반도체, 자동차, 철강 등에 투자할 때는 도움이 될지 몰라도 죽을 때까지 비트코인과 같은 새로운 기회는 잡을 수 없다(그래서 나는 〈돈키레터〉를 창간했다. 새로운 기회가 나타나면 잡으라고 알려주기 위해서).

관점을 비틀면 기회가 보인다

그렇다면 내가 여기서 얻었던 주식 투자 아이디어는 무엇이었을까? 바로 '도박해서 돈 버는 사람 없고 도박장 해서 돈 잃는 사람 없다'라는 것이다. 도박장에서 돈을 버는 사람은 누구일까? 타짜? 잘못하면 손목 날아간다. 도박장에서 안정적으로 끝까지 돈을 버는 사람은 하우스 주인이다.

다른 사람들이 영화 〈타짜〉를 보며 "첫판부터 장난질이냐?" "묻고 더블로 가!"와 같은 명대사에 빠질 동안 내가 깨달은 것은 '하우스 주인이 제일이구나'였다. 하우스 주인은 타짜와 같은 화려한 손놀림 없이도, 잘못하면 손목이 날아가는 위험을 감수하지 않고도 앉아서 일정 수수료를 계속 받으니 말이다. 그런 깨달음이 눈앞에 펼쳐진 것이 바로 암호화폐 열풍 사태였다.

하우스에 해당하는 곳이 어디일까? 빗썸, 업비트 같은 거래소다. 모든 거래소의 수익 구조는 같다. '거래액×수수료율'이 그대로 매출액이다. 암호화폐 거래소뿐만 아니라 증권사, 미술품 경매사 등도 마찬가지다. 거래소 기업들의 장점은 매출 구조가 단순해서 실적 예측이 쉽다는 것이다. 비트코인의 가격이 오르거나 거래량이 많아지면 거래액이 늘어나고 이는 매출 증가로 이어진다.

처음에는 빗썸이 압도적으로 점유율이 높았지만 뒤이어 출범한 후발 주자 업비트가 다양한 알트코인들을 내세워 맹추격하기 시작했다. 비트코인이 이미 오를 대로 올라서 투자하기 불안했던 사람들에게 아직 가격이 많이 오르지 않은 수많은 알트코인은 강한 유혹이었다.

그렇다면 암호화폐 거래소의 실적은 어땠을까? 2017년 하반기 실적을 보면 빗썸은 매출 3,334억 원, 순이익 4,272억 원을 기록했다. 업비트는 매출 2,114억 원, 순이익 1,093억 원을 기록했다. 당시 코스피 시가총액 20위권이었던 기아차의 2017년 연간 영업이익이 6,662억 원이었던 것을 생각해보면 불과 6개월 만에 거래 수수료로 엄청난 돈을 벌어들인 것이다.

그런데 문제는 이 거래소를 운영하는 기업들이 증시에 상장되지 않았다는 것이다. 시장의 관심은 자연스럽게 상장사 중에서 이들의 지분을 가진 기업에 쏠렸다. 당시 빗썸의 운영사 비티씨코리아닷컴의 주주는 비덴트와 옴니텔(현재 티사이언티픽)이었고, 업비트 운영사 두나무의 주주는 카카오와 우리기술투자 등이었다. 빗썸과 업비트가 돈을 쓸어 담고 있다는 소식에 이들 기업의 주가도 상승했다.

내가 주목했던 건 우리기술투자였다. 업계 1위였던 빗썸을 무서운 속도로 추격하더니 2017년 12월에는 급기야 빗썸의 거래액을 추월하는 일까지 벌어졌다. 업계에서 차이가 크게 나는 1위와 2위 기업의 순위가 바뀌는 경우는 흔하지 않다. 1위와 2위의 차이가 크지 않아서 엎치락뒤치락하는 경우가 아니라면 1위 기업이 큰 잘못을 하거나 재난을 겪지 않는 이상 순위는 대부분 유지된다.

하지만 빗썸이 큰 잘못을 하지 않았음에도 불구하고 업비트는 그 어렵다는 순위 역전을 해냈다. 사실 나는 업비트가 역전하리라는 것을 알고 있었다. 두 앱을 다 써본 결과, 업비트의 수많은 알트코인의 거래액을 다 합치면 빗썸을 곧 앞지를 것이라는 확신이 들었기 때문이다. 내가 적극적으로 비트코인에 투자하지 않았더라면 절대로 알 수가 없었던 사실이다. 그래서 나는 모든 주식 투자의 기본은 행동이라고 생각한다.

데이터를 기반으로 행동, 행동, 행동!

투자의 판단을 내릴 때 모든 근거는 데이터다. 여러 경험이나 학습한 사실들을 바탕으로 데이터가 쌓이고 그것을 바탕으로 우리는 판단한다. 더 많이 행동할수록 더 견고한 데이터가 쌓인다. 비트코인의 경우, 직접 투자해보고 실제 여러 앱을 통해 거래해보는 행동이 중요한 판단의 근거가 된다.

우리기술투자 투자 수익률

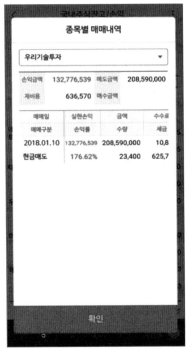

출처 : 나무 MTS

    그 결과 나는 업비트 관련주인 우리기술투자에 투자하는 것이 옳다고 판단했다. 이미 1위인 기업보다는 2위였다가 역전하는 기업의 주가 상승률이 더 높기 때문이다. 그리고 시가총액이 크고 암호화폐 사업 외에도 많은 사업을 하는 카카오보다 시가총액이 작은 우리기술투자가 적격이라고 생각했다. 그 결과는 어땠을까? 나는 불과 2주 만에 177%라는 수익률을 기록했다. 다음 페이지에서 우리기술투자의 차트를 보자.

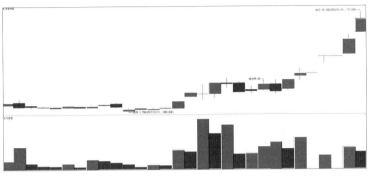

출처 : 미래에셋 HTS

2017년 12월 11일만 해도 1,730원에 불과했던 우리기술투자는 2018년 1월 10일 1만 100원까지 급등한다. 이것이 시사하는 바는 매우 크다. 비록 비트코인의 상승 타이밍을 모두 놓쳤더라도 우리기술투자에 투자했으면 큰돈을 벌 기회가 있었다는 것이다. 즉, 준비된 자에게 기회는 언제나 온다. 2017년 12월 비트코인이 이미 1,500만 원을 넘은 상태에서 당신은 어떤 마음을 가졌을까?

1. "비트코인은 너무 올랐어. 이제 떨어질 일만 남았어."
2. "비트코인이 이렇게 올랐는데, 아직 오르지 않은 관련 자산은 없을까?"

바로 이 두 가지의 마음가짐 중에 어떤 것을 선택하느냐에 따라 모든 것이 달라진다. 내 글을 지금까지 읽은 사람 중에 '비트코인 가격이 올랐으니까 망정이지 비트코인이 그렇게까지 오를 거라는 걸 어떻게 예측하냐? 그건 그냥 찍어서 맞춘 것에 불과하다. 반대로 폭락했을 때 수많은 사람이 망한 건 왜 말 안 하냐?'라고 생각했던 사람들도 이것만큼은 절대로 부정할 수 없다.

모든 언론이 비트코인은 거품이라며 터질 일만 남았고 조심하라는 말만 할 때 아직 남은 기회를 찾는 노력을 해야 했다는 것. 그것이 바로 우리가 비트코인을 보면서 배워야 할 점이다.

비트코인과 블록체인을 몰라도, 비트코인이 어디까지 상승할지 예측하지 못해도 암호화폐 거래소가 돈을 많이 번다는 사실 하나만 알았다면 그것을 활용한 투자의 기회는 충분히 있었다. 이처럼 주식 시장에서는 엄청나게 특별한 능력을 갖추지 않더라도 꾸준히 노력하다 보면 기회가 오는 경우가 많다.

예를 들어 블록체인을 잘 알고 비트코인 가격을 예측할 수 있는 사람이 있다고 치자. 그 사람은 분명 엄청난 돈을 벌었을 것이다. 하지만 평범한 인간의 능력으로 그렇게 되기란 쉽지 않다. 오히려 블록체인을 너무 잘 아는 것이 독이 되는 경우도 많다. 전문가들이 몸을 사리는 사이 무지성으로 투자한 사람들이 돈을 더 많이 버는 경우도 종종 있다. 즉, 어떤 분야의 전문가라 해도 실제 자기 돈을 넣어서 투자할 때는 심리 요인 때문에 흔들려서 이론적으로 충분히 낼 수 있는 이익도 얻지 못하는 경우가 허다하다. 하지만 주식 시장에서는 평범한 사람들도 확실한 몇 가지 사실에만 집중하면 충분히 인생을 바꿀 만한 돈을 벌 수 있다.

공룡의 발자국을 따라가자

거칠 것 없이 상승하던 비트코인은 2018년 1월 11일 박상기 법무부 장관이 암호화폐 거래소를 폐쇄하겠다는 강력한 조치를 발표하면서 급락하기 시작했다. 일주일 만에 비트코인은 1,100만 원으로 추락하며 반 토막이 났고 수많은 투자자가 손해를 입었다. 이후 비트코인은 하락을 거듭해 2019년 1월에는 400만 원 밑으로 떨어졌다. 여기서 여러분은 어떤 마음가짐을 가졌는가?

1. "역시 비트코인은 거품이었어. 이렇게 역사 속으로 사라지는구나."
2. "지금 잠시 주춤하지만, 비트코인은 절대 이렇게 무너지지 않아."

비트코인에 투자하지 않았던 사람들은 예외 없이 1번의 반응이었다. 그들은 비트코인 폭등장에 탑승하지 못했던 아쉬움을 달래느라 바빴고, 비트코인에 투자했던 사람들마저도 희망을 잃고 1번으로 생각이 기울었다.

그러던 중 2020년에 발생한 코로나19가 모든 것을 바꿨다. 각국의 중앙정부에서 미친 듯이 공급한 유동성으로 각종 자산의 가격이 오르기 시작했다. 부동산, 주식, 미술품 등 모든 자산의 가격이 너 나 할 것 없이 올랐다. 비트코인도 당연히 예외는 아니었다. 폭등을 거듭하던 비트코인은 2021년 4월 8,000만 원을 돌파했다.

그렇다면 모두가 희망을 잃었던 시절에도 우리는 희망을 버리지 않았어야 했을까? 결론만 본다면 그게 맞다. 다들 시장을 떠나던 때에도 포기하지 않고 버틴 사람이 승리했다. 하지만 그것은 현실성이 너무 떨어진다. 코로나19로 전 세계가 난리 났을 때 경기를 부양하기 위해 미국이 그렇게 많은 돈을 풀지 누가 알았겠는가? 과거의 차트만 보면서 '이때 샀었어야 해'라고 생각하는 건 정말이지 아무 쓸모없다. 막상 그때로 돌아간다고 한들 결과를 모른다면 같은 선택을 할 수밖에 없다. '이게 끝이면 어떡하지?' 하는 공포, '내가 잠든 사이 또 무슨 일이 벌어지지 않을까' 하는 불안과 끊임없이 싸워야 한다. 과거의 차트를 보며 복기하는 것만큼 시간을 낭비하는 일도 없다.

미래를 예측하는 것이 힘들다면 투자를 포기해야 할까? 절대 그렇지 않다. 우리는 그저 벌어진 일에 대응하면 된다. 다만 어떤 일이 벌어졌을 때 무엇에 집중해야 하는지 알아야 한다. 이 책은 지나간 사건을 나열하며 "이때 이랬어야 해"를 남발하지 않는다. 지나간 사건에서 중요했던, 모두의 운명을 갈라놓았던 주요 분기점을 살펴보고 도대체 어디에서 돈을 많이 번 사람과 그렇지 못한 사람의 차이가 벌어졌는지, 그 핵심을 짚어주고자 한다. 따라서 여러분은 핵심을 잘 기억하고 있다가 다음에 유사한 사건이 벌어지면 기회를 잡으면 된다.

2020~2021년의 2차 상승은 단순히 코로나19로 인해 시장에 넘쳐나게 된 유동성 때문만은 아니었다. 2017년과는 달리 미국의 대기

2020~2021년 비트코인 차트(주봉)

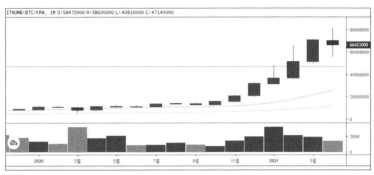

ITHUMB:BTC/KRW, 1M O:58472000 H:58600000 L:40810000 C:47140000

출처 : 빗썸

업들이 비트코인을 자산으로 인정하기 시작했다. 결정적 사건은 미국 최대 전자 결제 업체 페이팔이 비트코인 결제를 허용한다는 소식이었다. 코인의 활용성은 항상 논쟁거리였다. 실제로 쓸 수 없는데 이게 무슨 화폐냐는 것이다. 화폐는 물건을 살 때 쓸 수 있어야 하는데, 비트코인은 쉽게 쓸 수 없어서 효용성이 떨어진다는 주장이다.

그런데 페이팔에서 그런 논란을 종식할 만한 발표를 했다. 주요 금융사들이 비트코인에 투자하기 시작한 것도 큰 기폭제가 됐다. 2017년에는 미처 손쓸 틈도 없이 올라가는 바람에 많은 주요 금융사가 엄두를 내지 못했지만, 이번에는 주류 시장에 서서히 편입됐다. 모건스탠리, 골드만삭스 등 미국의 대형 투자은행들이 비트코인 펀드를 운용하기 시작했고, 블랙록 등 거대 자산운용사들도 비트코인 선물에 투자했다. 뉴질랜드의 연기금도 비트코인에 투자하면서 이제 비트코인은 자산으로 주목받게 됐다. 정말 격세지감이 드는 변화다.

우리는 바로 이 점에 주목해야 한다. 즉, 미국 주요 업체의 인정 여부다. 앞으로 또 어떤 새로운 자산이 등장할지 모르겠지만 그것이 대박이 날지 안 날지를 알고 싶다면 미국의 주요 업체의 움직임을 주시해야 한다. 우리에게 엄청난 혜안이 있지 않아도 그들을 그냥 따라 하면 된다. 이런 일은 한국에서도 자주 일어난다.

서울대가 대학 입시 제도를 바꾸면 다른 대학도 모두 따라간다. 하지만 지방대에서 입시 제도를 아무리 혁신적으로 바꾼다 한들 사람들은 관심을 두지 않는다.

채용 시장도 마찬가지다. 삼성 그룹에서 인·적성 검사를 도입하면 다른 대기업도 인·적성 검사를 개발한다. 하지만 중소기업에서 아무리 좋은 채용 제도를 시행해도 채용 시장의 경향은 바뀌지 않는다. 따라서 입시 제도의 경향을 알고 싶으면 서울대를, 채용 시장의 경향을 알고 싶으면 삼성 그룹을 주목해야 하는 것과 같다.

여담으로 이 당시 나의 연봉은 계속 떨어졌다. 내가 다니던 현대차는 2011년 동일본 대지진으로 일본 자동차 회사들이 타격을 입으며 엄청난 반사 이익을 누렸다. 그러나 일본 기업들이 살아나자 현대차의 실적은 하락했다.

회사의 영업이익이 떨어지자 성과급 역시 해가 갈수록 줄었다. 현대차 매니저(사원, 대리에 해당) 시절에는 기본급이 적기 때문에 성과급이 줄어든다는 것은 매우 치명적이다.

현대자동차 연간 영업이익

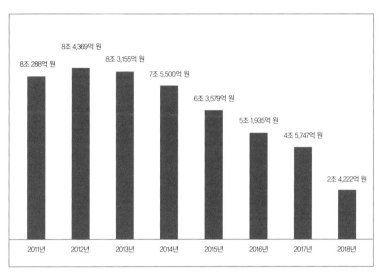

8조 288억 원 (2011년)
8조 4,369억 원 (2012년)
8조 3,155억 원 (2013년)
7조 5,500억 원 (2014년)
6조 3,579억 원 (2015년)
5조 1,935억 원 (2016년)
4조 5,747억 원 (2017년)
2조 4,222억 원 (2018년)

출처 : DART

　일할수록 연봉이 올라야 하는데 반대로 떨어지는 상황에서 나는 2017년 비트코인으로 큰 전기를 맞았다. 이것 때문에 바로 퇴사한 건 아니지만 여기서 얻은 교훈을 발판으로 계속 큰 기회를 잡으며 계단식으로 자산을 늘려 2019년 결국 퇴사했다. 이직을 고려하지 않았던 것은 한때 시가총액 2위에 오를 정도로 잘나가던 기업마저 업황에 따라 이렇게 추락할 수 있다면 한국 기업 어디든 안전하지 않다는 생각에서였다. 이때의 경험은 주식 투자를 하면서도 '이 길이 맞나?'라고 생각하던 나에게 강한 확신을 불어넣었고 내가 옳다는 자신감을 갖게 했다.

　이 사건 이후 나는 깨달았다. 시장은 언제나 새로운 것을 좋아하고, 그것이 실적과 연결될 경우 폭발력이 크다는 것을. 시장에 새로운 소재가 나타나면 일단 사람들은 환호한다. 하지만 주식 시장을 보면 꼭 그것으로 인해서 돈을 벌지 않는 기업들도 테마주로 엮여서 주가가 널뛰는 경우가 있다. 그런 경우 대개 생명력이 짧고 뒤늦게 투자하면 큰 손실을 볼 수 있다. 하지만 암호화폐 거래소처럼 실적과 명확하게 연결된다면 과감하게 투자해야 한다. 그래야 여러분의 자산이 많이 늘어날 수 있다.

 복습 노트

새로운 개념이 시장에 등장하면 일단 소액으로 투자해보자. 새로운 개념이 나타나면 상상력이 풍부한 사람들이 시장의 분위기를 이끈다. 실제로 그것이 어떻게 될지는 예측 불가능하다. 따라서 일단은 긍정적인 사람들이 장밋빛 전망을 제시하면 사람들은 그것을 믿고 싶어 한다. 여기에 투자의 기회가 숨어 있다.

부정적인 사람은 절대 돈을 벌지 못한다. 비트코인 가격이 올랐을 때 '이미 끝났네'라고 생각하지 말자. 오를 만한 다른 자산은 없는지, 관련 주식은 없는지 생각해볼 수 있어야 한다. 끝까지 포기하지 않는 자에게 마지막 기회가 분명 있다.

지진

누군가는 울고 누군가는 웃는 반사 이익

앞에서 말했듯, 비트코인 열풍이 불어닥쳤을 때 내 연봉은 계속해서 줄고 있었다. 그렇다면 내 연봉이 올라갔던 때는 없었는가? 물론 있었다. 2009년 대학을 졸업하고 현대차에 신입사원으로 들어간 나는 2012년 엄청난 연봉 상승세에 올라탔다. 지금부터 그 전모를 낱낱이 파헤쳐보겠다.

2011년 3월 11일, 일본 도호쿠 지방에서 진도 9.1의 강력한 대지진이 발생했다. 이는 일본 기상 관측 사상 최고 규모의 지진으로, 아무리 지진 대비가 잘 돼 있는 일본이라 할지라도 속수무책으로 당할 수밖에 없었다. 곧이어 몰려온 쓰나미는 일본 동해안 지역을 초

토화했고, 후쿠시마 원전에도 피해를 줬다. 이 지진으로 일본은 1만 5,000명이 넘는 사망자가 발생했으며 피난민은 34만 명에 이르렀다. 재산상의 피해는 이루 말할 수 없었다. 인프라와 산업시설의 피해는 약 17조 엔으로, 한화로 치면 약 238조 원에 달했다. 2011년 일본의 GDP 성장률은 -0.9%를 기록했고, 무역수지는 -2조 4,960억 엔으로 적자였다. 1년간 도산한 기업은 645개에 달했고, 부채 총액은 8,964억 엔으로 급격히 늘었다.

일본 대지진 소식에 아시아 증시도 일제히 하락했다. 3월 15일 일본의 닛케이지수는 -10.55%로 폭락했다. 대만은 -3.35%, 홍콩은 -2.86%, 한국 코스피는 -2.4%로 떨어지는 등 공포감을 고스란히 나타냈다. 그런데 곧 놀라운 반전이 일어났다. 코스피지수가 다음 날부터 미친 듯이 상승하기 시작했다.

2011년 3월 15일 1,882.09까지 추락하던 코스피는 바로 다음 날부터 오르기 시작하더니 4월 25일에는 2,200선을 가볍게 돌파하며 2,218.07까지 기록했다. 한 달여 만에 무려 18%나 오른 것이다. 도대체 무슨 일이 일어난 것일까?

바로 반사 이익 때문이었다. 반사 이익은 상대방이 피해를 보았을 때 경쟁자는 그에 따른 수혜를 입는다는 개념이다. 일본이 산업 생산 시설에 막대한 피해를 보면서 수출을 제대로 할 수 없게 되자 반대급부로 한국 제품들이 날개 돋친 듯이 팔리기 시작했다. 그 대표적인 상품이 바로 자동차였다.

동일본 대지진 이후 코스피 차트(일봉)

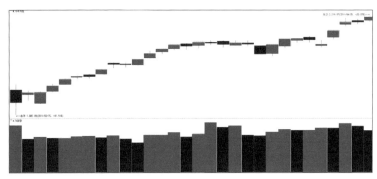

출처 : 미래에셋 HTS

　당시 일본의 자동차 산업은 한국이 범접할 수 없는 맹위를 떨치고 있었다. 토요타, 혼다, 닛산 등의 일본 자동차 브랜드는 미국 시장에서 '상대적으로 저렴하고 기본기가 탄탄하며 고장이 잘 안 나는 대중적인 차'로 정평이 나 있었고 토요타의 상위 브랜드 렉서스마저도 미국 시장에서 성공 가도를 달리고 있었다. 토요타와 GM은 치열하게 세계 최대 자동차 업체 자리를 놓고 선두를 다퉜고 그 뒤를 폭스바겐이 뒤쫓았다. 토요타는 2015년 글로벌 자동차 판매 목표를 1,000만 대로 세우며 거침없는 행보를 이어갔다.

　그러나 이 모든 꿈이 동일본 대지진으로 물거품이 됐다. 일본 자동차 업체들은 미국에 수출을 많이 해서 모든 완성차 공장과 부품 공장들이 동해안에 몰려 있었다. 그런데 이 지역이 피해를 보면서 생산할 수 없어진 것이다. 일본의 2011년 4월 자동차 생산량은 전년 대비 60% 급감했다. 수출량도 68% 감소하면서 해외 고객들에게 자동차를 배송할 수 없었다. 언론에 따르면 토요타와 혼다 등 일본 자동차 아홉 개 업체의 3월 수익 감소액은 약 2,000억 엔이었다.

피해가 가장 심한 곳은 역시 토요타였다. 2011년 1분기 토요타의 순이익은 무려 77% 하락했다. 토요타는 2008년 이후 줄곧 세계 최대 자동차 업체의 자리를 굳건히 지켰다. 2위 GM과 치열한 경쟁을 벌이던 토요타는 지진으로 인한 생산 차질로 3위 폭스바겐에 밀릴 지경이었다. 토요타는 공장 가동 중단으로 1,100억 엔의 손실을 봤다고 밝혔다. 토요타가 크게 타격을 받은 이유는 일본 내 생산 비율 때문이었다. 토요타는 수출용 자동차의 43%를 일본에서 생산하고 있었다. 반면 혼다와 닛산은 그 비율이 28% 미만이었다. 따라서 북미를 주요 시장으로 삼는 토요타가 입은 타격이 가장 컸다. 비록 토요타의 일본 공장들은 별 피해를 입지 않았지만, 부품사들이 생산에 차질을 빚으면서 공급망이 무너졌고 토요타의 해외 공장 가동률도 턱없이 낮은 수준으로 곤두박질쳤다.

이처럼 일본 자동차 업체가 흔들리자 그 대체재로 지목된 것이 바로 현대기아차였다. 나는 현대차에서 해외 물류를 담당하고 있었는데, 해외 각 지역에서 물건을 빨리 달라고 난리였다. 아침에 출근하면 유럽, 미주 지역에서 온 메일이 쌓여 있었고 시간이 좀 지나면 동남아에서 전화가 왔다. 점심을 먹고 오후가 되면 중동 쪽에서 연락이 왔고 퇴근 즈음에는 동유럽에서 연락이 왔다. 바로 전 달까지만 하더라도 현지에 재고가 쌓여 있다느니 이런 소리를 하던 사람들이

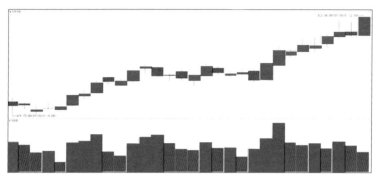

출처 : 미래에셋 HTS

갑자기 자동차를 빨리 달라고 요구했다. 하지만 공장의 생산 능력에는 한계가 있었기 때문에 모든 지역에 원하는 만큼 빨리 보내줄 수는 없었다. 우리 같은 기업들이 많았는지 배를 잡아서 적재 공간을 확보하기도 쉽지 않았다. 울산, 아산, 전주 등 국내 공장은 신나게 돌아갔다. 항구에는 자동차 선이 쉴 새 없이 들락거렸고, 선사들은 선박을 있는 대로 수배하기 바빴다. 그렇다면 이러한 현상은 주가에 어떻게 반영됐을까?

위의 차트를 살펴보자. 3월 15일 코스피 폭락과 함께 17만 5,000원까지 내려갔던 주가는 4월 25일 24만 6,000원까지 수직으로 상승했다. 무려 한 달여 만에 41%가 오른 것이다. 10년이 지난 2021년까지 그때의 주가를 깨지 못했다. 참고로 현대차는 2021년 20만 9,000원으로 마감했다. 2021년 1월 19일 애플카를 만든다는 소문으로 주가가 잠깐 회복했으나 다시 하락했다. 이 당시 코스피가 2,200선이었고 10년이 지난 2021년 코스피지수가 2,900선이었다는 것을 고려하면 현대차가 얼마나 높은 주가를 형성했는지 알 수 있다.

여기에서 우리는 아주 중요한 교훈을 얻을 수 있다. 한국 주식에 투자할 때 절대로 명심해야 할 사실인데 '지수와 개별 종목의 주가는 별개'라는 것이다. 코스피지수나 코스닥지수 차트를 놓고 보면 IMF 때도 급락했다가 회복했고 리먼 브라더스 사태 때도 급락했다가 회복했으며 코로나19 때도 급락했다가 빠르게 회복했다. 이를 두고 사람들은 "주식은 늘 오른다"라는 말을 많이 하는데 그것은 코스피나 코스닥지수에 한정된 이야기다. 그 안에 개별 종목을 살펴봐야한다.

10년이 지나면서 코스피지수는 올랐지만, 당시 시가총액 2위였던 현대차의 주가는 오히려 내려가면서 9위로 밀려났다. 그렇다면 현대차가 그만큼 망한 걸까? 놀랍게도 2021년 현대차의 매출액은 창사 이래 최대인 117조 6,106억 원을 기록했다. 현대차는 코로나19로 자동차 판매가 저조했던 2020년을 제외하고는 매년 매출액 최고치를 갱신했다. 이처럼 아무리 대형주이고 매출이 계속 증가한다고 할지라도 지수가 오른다고 해서 주가가 같이 오르는 것은 아니다.

이것은 현대차에만 일어난 일이 아니다. 같은 계열사인 기아의 주가를 보도록 하자. 기아의 주가도 2011년 3월 15일 5만 6,700원을 기록한 뒤 빠르게 상승해 4월 25일에는 8만 원을 돌파했다. 한국을 대표하는 두 완성차 업체를 따라서 자동차 부품사의 주가도 빠르게

동일본 대지진 이후 기아 차트(일봉)

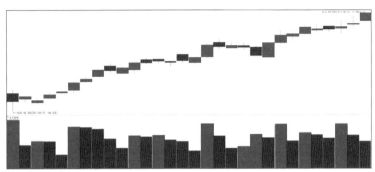

동일본 대지진 이후 현대모비스 차트(일봉)

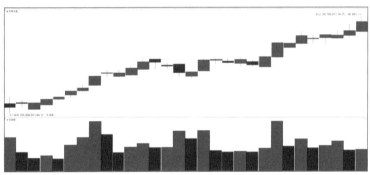

상승했다.

　현대자동차그룹의 대표 부품사인 현대모비스는 2011년 3월 15일 25만 5,000원을 기록한 뒤 4월 25일에 39만 원을 돌파했다. 무려 54%에 달하는 상승률이다. 10년 뒤인 2021년의 주가가 25만 원 수준이라는 걸 생각하면 정말 높은 가격이 아닐 수 없다. 그렇다

동일본 대지진 이후 현대위아 차트(일봉)

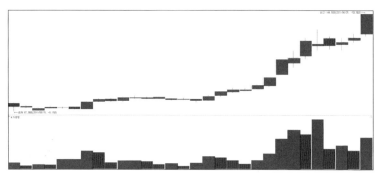

출처 : 미래에셋 HTS

면 현대모비스의 실적이 10년간 많이 떨어진 걸까? 현대모비스는 2021년 사상 최초로 연 매출 40조 원을 달성했다.

역시 현대자동차그룹의 핵심 부품사인 현대위아도 2011년 3월 15일 6만 7,000원에 거래되다가 4월 25일 14만 4,500원이라는 놀라운 상승을 했다. 상승률은 115%다. 이 당시 현대위아를 14만 원 주고 산 사람들에게 10년 뒤 코스피지수는 3,000을 넘어가는데 현대위아의 주가는 8만 원도 안 될 거라고 말해주면 믿었을까? 거기다가 현대차의 2021년 매출액이 창사 이래 최대라는 사실까지 말해준다면? 절대로 믿지 못했을 것이다. 하지만 그런 일이 비일비재하게 일어나는 곳이 바로 한국이다. 그저 우량주에 장기 투자하면 된다는 믿음은 한국 주식에서는 헛된 것이다.

남들에게 수익을 자랑하고 싶을 때 팔아라!

그렇다면 한국 주식은 어떻게 투자해야 할까? 쉽게 말해서 물 들어올 때 노 저어야 한다. 사람들은 주가가 올라갈 때는 한없이 올라갈 것처럼 들떠 있다가, 내려가면 한없이 내려갈 것처럼 절망에 빠진다. 특히 보유하고 있는 주식이 오를 때 사람들은 확증 편향에 빠지기 쉽다. 이 세상에는 긍정적인 정보와 부정적인 정보가 동시에 존재하는데, 확증 편향에 빠지면 부정적인 정보는 다 무시하고 오직 긍정적인 정보만 받아들인다.

이 심리를 교묘하게 이용하는 곳이 언론이다. 주가가 계속해서 올라가면 더 올라간다는 긍정적인 신호를 계속해서 보낸다. 그러면 그런 식의 뉴스를 기다리고 있던 수많은 주주는 덥석 미끼를 문다. 스마트폰의 발달로 그 기사는 메신저를 통해 삽시간에 전국에 퍼진다. 클릭 수가 높아지고, 광고 수익이 늘어난다. 여기에서 나온 대표적인 주식 격언이 "종목과 사랑에 빠지지 말라" 같은 것들이다. 그래서 내가 주변 사람들에게 하는 현실적인 조언은 "남들에게 수익을 자랑하고 싶을 때 팔라"이다.

MTS에 찍혀 있는 평가 손익은 팔기 전까지는 확정된 것이 아니다. 매도 버튼을 눌러야만 실현 손익이 되면서 확정된다. MTS 캡처 버튼을 누르기 전에 매도 버튼을 누르는 것을 잊어서는 안 된다. 팔았는데 더 올라갈까 봐 불안하다면? 반만 팔면 된다. 다 팔았는데 더 올라간다면? 다른 종목을 사면 된다.

이렇게 말하면 꼭 반대 의견을 내는 사람들이 있다. 특히 2020년 코로나19 직후 장기 투자가 옳다고 주장하는 사람들이 출판계와 유튜브를 점령했는데 2021년 하반기부터 이어진 하락장에 다시 조용해진 것 같아서 다행이라는 생각이 든다. 이 사람들은 삼성전자와 같은 일부의 예만 들면서 장기 투자를 하면 좋다고 이야기한다.

나도 장기 투자가 반드시 틀렸다는 것은 아니다. 다만 한국에서는 그렇게 해서 성공하기 힘들 뿐이다. 작은 가능성에 인생을 걸지 말자. 지수 자체에 투자하는 인덱스 펀드라면 모를까 개별 종목에 관해서는 회의적이다. 그리고 장기 투자가 옳다고 하는 사람들은 꼭 자기들만 옳고 남들은 틀렸다고 말하는데, 그것은 그만큼 말도 안 된다는 것을 스스로 알기 때문이다.

한국 주식에 투자하다 보면 현대차, 현대모비스, 현대위아 같은 사례가 넘쳐난다. 분명히 사람들이 욕할 게 뻔하니까 자기들만 옳고 나머지는 틀렸다고 주장하는 것이다. 이것이 사이비 종교와 무엇이 다른가? 밖에서 보면 이상한 일들이 수없이 일어나는데도 사이비 종교를 믿는 사람들이 이상함을 깨닫지 못하는 것을 보고 일반 사람들은 비웃는다. 10년이고 20년이고 한국 주식에 투자하면서 지수와 반대로 가는 대형주들을 봐온 사람들이 장기 투자만 옳다고 주장하는 사람들을 보는 심정이 딱 그렇다.

장기 투자만 옳다는 착각

주식 투자를 정말로 잘하는 사람들은 매우 유연하다. 돈 버는 방식이 수없이 많은데 도대체 왜 하나의 방법만 옳다고 하는지 이해할 수가 없다. 상승장에서는 장기 투자를 하고, 하락장에서는 단기 투자를 하면서 그날그날 보유한 주식을 정리하고 간밤에 있을지 모르는 악재에 대비하면 된다.

장기 투자만이 옳다고 주장하는 사람들이 꼭 예로 드는 게 워런 버핏 같은 미국 유명 투자자다. 그럴 거면 미국에 가서 공부하고 미국 주식에 투자하지 왜 맞지도 않는 이론을 한국 같은 조그만 시장에 억지로 적용하는지 모르겠다. 그들이 그렇게 좋아하는 미국에서도 초단타 매매는 이미 하나의 투자법으로 자리 잡은 지 오래다.

'하나만 옳다'라는 단일주의는 한국 사회 여러 곳에서 드러난다. 어쩌면 일본, 중국과 다르게 한국에서 기독교 신자가 훨씬 많아진 것도 유일신 사상 때문인지 모른다. 한국의 교육 역시 정답 딱 하나만 골라내는 방식을 좋아한다. 미국의 입학사정관 같은 제도는 선호하지 않는다. 공정성을 해친다는 둥 부유한 집의 자녀들이 더 유리하다는 둥 하는 이유로 말이다. 내신 성적과 수능 위주로 치러지는 정시 모집을 선호하고 수시 모집은 공정성이 없고 께름칙하다고 생각한다. 대학에 가서도 토론식 수업은 거의 없다. 로스쿨 제도보다는 사법시험이 훨씬 더 공정하고 바람직하다고 생각한다. 이렇게 획

일화된 사회에서 투자법의 다양성을 인정해주기를 바란다는 것은 애초에 너무 과한 욕심일까?

지수와 개별 종목은 별개다

2011년 4~5월까지 정신없이 오르기만 하던 자동차 회사의 주가는 슬슬 주춤하기 시작했다. 일본 자동차 업체들이 정신을 차리기 시작한 것이다. 2011년 6월이 되자 예상보다 훨씬 빠르게 일본 자동차 기업들은 생산량을 회복했다. 토요타의 6월 글로벌 생산량은 59만 3,839대로 2010년 6월과 비교했을 때 9.2% 줄어드는 데 그쳤다. 5월 감소폭이 49%였던 것과 비교하면 실로 빠르게 생산량을 회복한 셈이다. 다만 일본 내 판매량은 36%, 수출량은 21% 감소해 아직은 완전히 회복하지 않았음을 보여줬다. 하지만 머지않아 회복할 것임은 누구나 예상할 수 있었다. 혼다의 6월 글로벌 생산량은 16만 8,373대로 전년 동월 대비 45% 감소했다. 즉, 혼다는 토요타보다 훨씬 느린 속도로 회복했다. 스즈키는 6월 글로벌 생산량 19만 7,178대를 기록해 전년 동월 대비 15%밖에 감소하지 않는 모습을 보이며 선방했다. 닛산의 경우는 충격적이었다. 닛산의 2011년 6월 글로벌 자동차 생산량은 41만 9,831대로 전년 동월 대비 무려 18.5%나 증가했고 월간 단위로는 사상 최대를 기록했다. 글로벌 판매량도 13% 증가했고 수출도 25%나 증가했다. 그 밖에 미쓰비시 자동차는 글로

2011년 7~8월 현대차 차트(일봉)

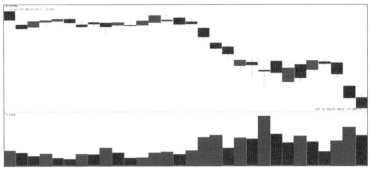

출처 : 미래에셋 HTS

2011년 7~8월 기아 차트(일봉)

출처 : 미래에셋 HTS

벌 생산량 10만 6,267대로 전년 대비 15% 늘었고 수출도 25% 증가하는 등 경이로운 회복세를 나타냈다. 대지진의 피해로 최소한 1년은 회복하기 힘들 것으로 예상하던 일본 자동차 업계가 4개월 만에 대지진 이전 수준으로 생산량을 회복하자, 그동안 급등했던 한국 자동차 기업들의 주가가 내려갔다.

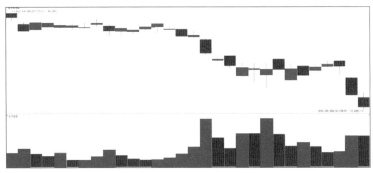

출처 : 미래에셋 HTS

7월까지 24만 원 수준을 유지하던 현대차의 주가는 8월 22일 16만 1,500원까지 하락했다. 한 달도 안 돼서 고점 대비 34% 떨어진 셈이다. 기아는 7월까지 8만 원 수준을 유지하던 주가가 8월 22일 5만 8,100원까지 떨어졌다.

현대모비스의 주가 역시 40만 원에서 26만 5,500원으로 33%가량 하락했다. 같은 기간 코스피지수가 20% 하락한 것과 비교해도 더 큰 하락폭을 기록했다. 이는 그만큼 일본 자동차 기업의 부활이 부담으로 다가왔다는 것을 의미한다. 이 당시 승승장구하던 자동차 주들의 하락에 충격이 컸는지 관련 기사가 쏟아졌다. 실적은 좋은데 주가가 이를 반영하지 못한다는 내용이었다.

실적과 주가는 큰 관계가 없다. 실적에 따라 주가가 올라야 한다면 도저히 설명할 수 없는 현상이다. 그러면 실적 말고 다른 원인을 찾아야 하는데, '실적과 주가는 비례한다'라는 틀린 대전제를 고수하고 있으니 제대로 된 설명이 나올 리가 만무하다. 이는 한국 주식 업계에 있는 사람들이 얼마나 비과학적인지를 보여주는 대표적인 사례다.

과학자들은 기존의 자연 현상을 설명하는 이론이 있어도 반례가 나오면 이론을 수정한다. 새로운 가설을 수립하고 실험을 통해서 그것이 맞는지 입증한다. 자연 현상을 설명하는 데 있어서 과학은 이렇게 발전하는데, 바뀌지 않는 것이 하나 있다. 바로 미신이다.

과학과 미신 모두 자연 현상을 설명하지만 어떤 것이 옳은지는 누구나 안다. 주가가 실적과 관계없이 움직인다면 기존 이론을 수정하고 새로운 이론을 정립할 생각을 해야 한다. 그런데 아직도 '주가와 실적은 비례한다'라는 전제하에 그에 맞지 않는 현상은 비정상적이라고 생각하는 것은 미신과 다를 바가 없다. 미국은 그럴지 몰라도 한국은 그렇지 않다면, 한국 주식만을 위한 새로운 이론을 정립해야 한다.

상황이 이렇게 되자 내가 일하던 곳도 평화를 되찾았다. 2011년 8월 여름휴가를 다녀오자 이제는 물량을 빨리 달라고 아우성치는 사람이 없었다. 그리고 2012년부터 연봉은 대폭 올랐다. 이때부터 대학생들 사이에서 현대차가 인기 직장으로 떠오르기 시작했다. 대략 2014년까지 높은 연봉을 제공했기 때문에 일부 취업 포털 조사에서 현대차가 취업 선호도 1위를 차지했다. 놀라운 일이었다. 내가 현대차에 입사했던 2009년만 하더라도 인기 직장은 정유사나 은행

등이었다. 정말 똑똑한 후배들이 들어오는 걸 보면 한편으로는 놀랍기도 하면서(서울대를 졸업하고 현대차에 입사한 후배들을 보고 사람들은 "대체 여기를 왜 온 거야?"라고 묻는 일이 빈번했다) 한편으로는 그만큼 회사의 이미지가 좋아진 것 같아 뿌듯하기도 했다. 2015년부터 본격적으로 연봉이 내려가기 전까지는 말이다.

이때의 경험은 나에게 회사에만 의지하면 안 된다는 교훈을 줬다. 아무리 대기업이라 할지라도 회사가 잘나갈 때는 한없이 잘나가지만 또 안될 때는 계속 안될 수도 있다는 것을 뼈저리게 느꼈다. 마치 주식에 투자할 때 어느 정도 이익을 얻으면 팔아야 하듯 회사 업무도 회사가 잘나간다고 해서 마냥 몰두해서는 안 된다는 것을 깨달았다. 연봉이 눈에 띄게 줄면서 나는 그동안 모아둔 돈으로 주식 투자에 발을 들였고, 이것이 지금의 나를 만들었다.

나는 동일본 대지진으로 연봉이 갑자기 올랐기 때문에 연봉이 점차 줄어드는 것을 일찍 체험했지만, 지금의 MZ세대는 물가가 가파르게 상승하면서 2015년에 내가 겪었던 상황을 뒤늦게 경험하고 있다. 더는 회사에만 의존해서는 안 된다는 것을 깨닫고 예전의 나처럼 다른 방법을 찾고 있는 셈이다. 치열한 경쟁을 뚫고 대학에 들어가서 취업까지 했는데 회사에 다닐수록 물가가 급여보다 빠르게 상승해서 점차 가난해지는 상황. 거기다 사회 초년생들이라 모아둔 돈도 별로 없다. 역사상 가장 불행한 이 세대에게 내가 해줘야 하는 것은 진심 어린 조언이다. 데이터 기반으로 틀린 것을 틀렸다고 말하고 미신을 미신이라고 하는 것이 내가 할 수 있는 최선이다. 이런 세대를 이용해서 교묘하게 자신의 주장에 들어맞는 정보만 골라서 돈이나 벌자는 사람들은 진정한 사회악이다.

지금까지 동일본 대지진이 한국 증시에 미친 영향을 살펴봤다. 우리가 이렇게 소중한 시간을 들여서 이것을 공부한 이유는 간단하다. 자연재해는 다시 일어날 수 있기 때문이다. 일본에서 지진이 다시 일어날 수도 있고, 화산이 폭발할 수도 있다. 아니면 대만에서 지진이 일어날 수도 있다. 대만에는 TSMC(대만 소재의 세계 최대 규모 파운드리 업체)가 있어서 타격을 입을 경우 2011년과 비슷한 일이 한국 반도체 시장에서 일어날 수 있다. 자연재해는 예고 없이 갑자기 터지는 것이기 때문에 우왕좌왕하지 말고 2011년 일어난 동일본 대지진의 주가 흐름을 잘 기억했다가 활용한다면 대처가 한결 쉬워질 것이다. 진정으로 우리의 삶에 도움이 되는 역사 공부는 주식의 역사가 아닐까?

 복습 노트

반사 이익은 경쟁사의 피해가 이득으로 돌아온다는 개념으로, 주가를 움직이는 큰 동력으로 작용한다. 경쟁사가 위기를 극복하면 반사 이익으로 올랐던 만큼 주가는 내려간다.
천재지변은 갑작스러운 것이기 때문에 시장은 큰 혼란에 빠진다. 이럴 때 당황하지 말고 과거의 사례를 참고로 침착하게 대응해야 한다.

전염병

코스피가 무너져도 솟아날 구멍은 있다

2020년 3월, 공식 이름도 없이 우한 폐렴이라고 불리던 바이러스의 공포가 전 세계를 뒤덮었다. 훗날 코로나19로 정식 명명된 이 바이러스는 수많은 사람을 죽음으로 내몰았다. 처음에는 중국의 우한 지역에서만 발견되던 것이 아시아를 넘어서 미국까지 퍼지자 사람들의 공포는 극에 달했다. 세계 경제가 얼어붙을 거라는 전망에 투자자들은 주식을 팔아치우기 시작했고 각국의 주가는 폭락했다. 미국, 일본, 유럽 할 것 없이 주가지수는 30% 이상 떨어졌다. 그 안에 개별 종목들 역시 반 토막이 수두룩했다. 한국도 마찬가지로 2,200선이던 코스피는 3월 19일 1,439.43까지 급락했다.

2020년 3월 코스피 차트(일봉)

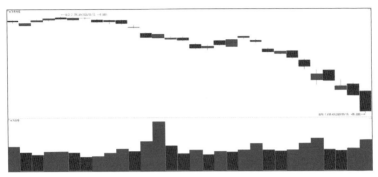

출처 : 미래에셋 HTS

　나는 주식으로 돈을 많이 벌어 10년 동안 다니던 현대차를 퇴사하고 〈어피티〉라는 경제 뉴스레터에 글을 기고하고 있었다. 매일 일어나는 이슈와 관련된 종목을 소개했는데, 이 당시에 썼던 것은 '코로나19 테마주'다. 1월부터 거의 매일 코로나19로 매출이 증가할 기업들을 소개했다. 마스크 대란이 일어나자 마스크를 제조하는 기업들에 관해 썼고, 손 소독제의 원료를 만드는 기업, 진단키트를 만드는 기업, 인공호흡기를 만드는 기업, 음압 병상을 만드는 기업 등을 매일같이 발굴해서 독자들에게 소개했다. 덕분에 독자들은 굉장히 생소한 기업들을 많이 알게 됐고, 지수가 폭락하며 거의 모든 종목이 나락으로 가는 와중에도 이 기업들의 주가는 굳건했다. 최초로 〈어피티〉에 관련 글을 쓴 것은 2020년 1월 9일이었다. 마스크 제조사를 집중 조명하며 다음과 같은 말을 썼다.

트럼프의 한마디로 전쟁의 위협이 갑자기 사라지고, 평화의 분위기로 바뀌었습니다. 긴장은 하되 너무 보수적으로 접근할 필요도 없다고 했던 말 기억하시나요? 이제 장은 다시 예전으로 돌아갈 준비를 마쳤습니다. 연초부터 전쟁에 전염병까지, 아주 다이내믹한 장이 펼쳐지고 있습니다.

그동안 전염병 관련주로 백신, 마스크 생산 업체의 주가가 올랐었는데요. 이번에는 홍콩에서 마스크 사재기로 가격이 세 배 이상 폭등하고 있다는 점이 특이합니다. 아직 폐렴의 원인이 알려지지 않아 백신 관련주는 매출 기여 여부가 불확실하지만, 마스크는 기업의 실제 매출과 직결되기 때문이죠.

현재 홍콩에서 품귀 현상을 빚는 마스크는 N95인데요. 우리가 평소에 사용하는 미세먼지용 KF94와는 전혀 다른 마스크입니다. 국내에서 KF94는 많이 생산해도 N95를 생산하는 곳은 많지 않습니다. 현재 격리 중인 한 명의 의심 환자 외에 다른 환자가 또 나온다면, 한국에서도 마스크 품귀 현상이 일어날지도 모릅니다. 곧 다가올 중국의 춘제가 두려워지네요.

2020년 1월 9일 〈어피티〉

1월 9일이면 다들 우한 폐렴에 별 관심도 없을 때였다. 하지만 나는 이미 심각성을 인지했고, 모든 포트폴리오를 코로나 관련주로 준비해야겠다고 생각했다. 이 글을 보면 두 가지 견해가 나타난다. 첫째, 마스크가 실제로 많이 팔리기 때문에 매출과 연결된다. 둘째, 곧 중국의 춘제가 다가오는데 이로 인해서 코로나19가 더 확산되면 한국에서도 마스크의 품귀 현상이 발생한다는 것이다. 이는 2017년 비트코인 사태로 뼈에 새겨진 교훈이다. 새로운 소재가 실제 매출과 직결되는 순간 폭발력은 어마어마하다. 이어서 1월 22일에 다른 마스크 제조사를 소개하며 쓴 글을 소개한다.

1월 9일에 소개한 마스크 제조사 오공은 1월 20일에 상한가를 기록한 데 이어, 어제도 22.51%로 급등하며 마감했습니다. 반면에 코스피지수는 -1.01%, 코스닥지수는 -1.02%로 하락하며 대조적인 모습을 보였습니다. 폐렴의 진원지인 중국 증시는 -1.41%, 홍콩은 -2.81%, 일본은 -0.91% 등으로 아시아 전역이 폐렴에 의한 소비 심리 위축 우려로 하락했습니다.

이번 폐렴은 감염 경로를 모르기 때문에 백신도, 치료제도 없는 상황에서 인체 간 감염이라는 사실이 시장을 공포로 몰아가고 있습니다. 거기다가 곧 다가올 춘절도 시장의 우려를 가중하고 있어요.

춘절 이후 감염 지역과 사망자가 계속 늘어난다면, 미 · 중 무역협상 1차 서명으로 모처럼 활기를 보이던 시장이 다시 수렁에 빠져들 수 있습니다.

반대로 더는 질병이 퍼지지 않고 사망자도 나오지 않는다면 다시 시장은 활기를 띠겠죠. 여러분은 마스크와 손 세정제 사용으로 예방을 철저히 하시기 바랍니다.

1월 22일 〈어피티〉

실제로 중국은 춘제 때 일어난 대규모 인원 이동으로 감염자가 급증했다. 이어서 1월 23일에는 손 소독제 기업을 소개하며 이런 글을 썼다.

한국에서 폐렴 증상을 보이던 환자들은 다행히 음성 판정이 나왔습니다. 하지만 중국 내의 상황은 점점 심각해지고 있어요. 사망자와 확진자가 하루가 다르게 느는 가운데, 유일한 예방 방법은 마스크 착용과 손 소독제 사용뿐입니다. 이미 중국에서 마스크와 손 소독제는 품절되고 있습니다. 따라서 이번 춘절에 한국을 방문하는 중국인들은 화장품보다는 중국 내에서 구하기 어려운 마스크와 손 소독제를 대량 구매할 가능성이 큽니다. 중국 소비주의 유행이 바뀌는 것이죠.
아무쪼록 내일부터 시작되는 설 연휴 즐겁게 보내시고 건강에 특히 유의하시기 바랍니다.

1월 23일 〈어피티〉

설 연휴가 시작되기 직전 손 소독제를 소개하며 독자들의 건강을

염려했다. 그러면서 춘제 동안 한국을 방문하는 중국인들이 마스크와 손 소독제를 싹쓸이할 것을 예측하기도 했다. 그렇다면 실제로 이런 일은 일어났을까? 당시 중국인들이 품질 좋은 한국산 마스크를 모두 샀고 이를 열 배가 넘는 가격에 타오바오에서 판다는 뉴스도 나왔다. 내가 예측한 일이 벌어졌다. 이어서 설 연휴가 끝나고 1월 28일에는 다음과 같은 글을 썼다.

우한 폐렴이 전 세계 증시를 공포로 몰아넣고 있습니다. 일본, 중국, 유럽, 미국 등 주요국의 지수는 우한 폐렴에 의한 경제 활동 둔화의 우려로 일제히 하락했습니다. 유가도 소비 위축 우려로 계속해서 떨어지고 있어요. 이와는 반대로 마스크 제조사들의 주가는 1분기 실적 기대감으로 활활 타오르고 있습니다.

2019년 12월 23일, 지난 한 해를 정리하며 보낸 마지막 편지에 "목표를 세우는 것이 아무 의미 없다"라고 쓴 적이 있었죠. 이 말이 잘 증명되는 사례입니다.

연초에 투자 계획을 세웠다면 1월이 지나기도 전에 전혀 예상치 못한 변수가 생겨 전면 수정해야 할 지경에 처했습니다. 알 수도 없는 미래를 예측하고 목표를 세우는 데 시간을 쓰기보다는 눈앞에 닥친 일에 잘 대응하는 것이 성공으로 가는 지름길이라 하겠습니다.

1월 28일 〈어피티〉

여기에서 굉장히 중요한 투자 원칙을 말하는데, 그것은 바로 "목표를 세우지 말라"다. 이렇게 전혀 예상치 못한 일로 모든 상황이 다 변하는데 미래를 예측하는 것이 무슨 소용이며 그에 따라 계획과 목표를 세우는 것이 무슨 의미냐는 것이다. 목표를 세우는 데 쓸 시간이 있다면 그냥 그때의 상황을 파악하고 대처하는 데 쓰는 것이 훨씬 낫다는 것이 나의 평소 지론이다. 이렇게 이야기하면 꼭 코로나19 같은 상황은 굉장히 예외적인 거라고 주장하는 사람들이 있다. 물론 전염병이라는 한 가지 주제만 놓고 본다면 맞는 말이지만 이 책에 나온 모든 사건을 종합하면 그런 일은 생각보다 매우 자주 일어난다는 것을 알게 될 것이다. 15년 남짓한 기간에 세상을 바꾼 일이 열 번도 넘게 일어났으니 대충 일 년 반마다 하나씩 발생하는 셈이다. 1월 29일에는 코로나19로 배달이 늘어나면서 수혜를 입는 골판지 업체를 소개했다.

1월 9일에 소개한 오공, 1월 22일에 소개한 케이엠, 1월 23일에 소개한 승일이 어제 모두 상한가를 기록했습니다. 어제 소개한 아가방컴퍼니는 18.68%까지 상승했고요. 마스크와 손 소독제는 매장에서 다 팔리고 없습니다.

그 와중에 코스피는 -3.09%, 코스닥은 -3.05%로 하락하며 경기 둔화의 우려는 더욱 커지고 있습니다.

오늘은 그동안 소개한 마스크와 손 소독제에서 벗어나 다음 단계를 준비하고자 합니다. 질병이 확산하면 오프라인 매장의 매출이 급감하고 온라인 매출이 급증합니다. 이에 따라 택배 상자의 수요도 갑자기 늘어나게 되죠. 질병이 영향을 미치는 기간이 길어질수록 시장은 기존 관련주 말고 새로운 관련주를 찾아서 움직이기 마련입니다.

1월 29일 〈어피티〉

여기에서도 역시 중요한 투자 철학이 숨어 있다. 바로 "물 들어올 때 노 젓자" "박수칠 때 떠나라"라는 것이다. 이제 마스크 관련 주식은 어느 정도 올랐으니 아직 오르지 않은 새로운 주식을 찾아보자는 것이다. 1월 31일에는 다시 마스크 제조사를 소개했다.

우려하던 2차 감염자가 나오고 말았습니다. 제가 어제 "주가가 상승했지만, 확진자가 추가로 나올 수 있으므로 완전히 안심하기는 이르다"라고 했던 것, 기억하시나요?
어제는 추가 확진자 소식이 전해지지 않은 상태에서 코스피는 -1.71%, 코스닥은 -2.06%로 하락했고, 춘절 연휴가 끝난 대만 증시는 -5.75%로 낙폭을 보였습니다. 추가 확진자가 나온 일본은 -1.72%, 홍콩은 -2.62% 등으로 아시아 전역이 공포에 휩싸였습니다. 이는 유럽, 미국도 마찬가지입니다.
이 상황에서 안 그래도 구하기 어려운 마스크는 더욱 구하기 어려워질 전망입니다. 엎친 데 덮친 격으로 중국으로부터 수입하는 마스크 원자재를 구할 수가 없어 생산은 더욱 힘들어지겠지요. 여러분은 마스크 착용과 손 소독을 생활화해 건강에 유의하시기 바랍니다.

1월 31일 〈어피티〉

마스크가 품귀 현상을 빚으며 가격이 열두 배나 뛰는 등 내가 예측한 상황이 눈앞에 펼쳐졌다. 2월 3일이 되자 나는 또 새로운 내용을 소개했다.

드디어 긴 춘절 연휴를 끝내고 중국 증시가 개장하는 날입니다. 앞서 연휴 뒤에 개장했던 한국, 대만, 홍콩은 첫날 모두 큰 폭의 하락세를 보인 가운데, 과연 질병의 진원지 중국 증시는 개장 첫날 어떨지 전 세계의 이목이 쏠리고 있습니다.

신종 코로나바이러스의 영향이 한국 증시에 어느 정도의 영향을 미칠까요? 사람들은 한국 내 상황에만 초점을 맞춰서 생각합니다. 즉, 한국에서 확진자 증가세가 멈추면 증시가 안정될 것이라는 견해죠.

중요한 건 중국입니다. 중국에 공장이 있는 기업들은 당장 생산량이 감소합니다. 한국 공장도 안심할 수 없죠. 중국산 부품이 없으면 조업을 못 하니까요. 대표적인 기업이 현대차입니다. 중국으로부터의 부품 수급 문제로 이미 지난주 특근을 취소한 현대차는 단체휴가 실무협의에 돌입했습니다. 이처럼 중국의 질병 확산세가 꺾이지 않는다면 중국 의존도가 높은 산업부터 차례로 타격을 받게 됩니다. 어떻게든 공급선을 다변화해서 제품을 만들어도, 중국으로의 수출이 위축되는 것은 막을 수가 없겠죠? 하루빨리 중국 내의 상황이 진정되길 바라지만, 쉽지는 않아 보입니다.

2월 3일 〈어피티〉

여기에서도 중요한 점이 있다. 바로 시야의 크기다. 이 당시 많은 전문가는 한국의 코로나19 확진자 수만 줄면 증시가 금방 반등할 것처럼 사람들을 선동했다. 정말 그렇게 믿었다면 한심할 정도로 시야가 좁은 것이고, 혼란을 막기 위해서 그렇게 말한 것이라면 정말 나쁘다. 나는 한국 내 확진자 수가 중요한 것이 아니라 문제는 중국이라는 점을 명확히 했다. 그리고 이때만 해도 코로나19를 메르스, 사스처럼 별거 아닌 것으로 치부하는 사람이 많았다. 그러나 나는 코로나19가 쉽게 진정되지 않을 것을 분명히 밝혔다. 그러면서 그동안 다루지 않았던 등교 중지에 따른 원격 교육 관련주를 소개했다.

그렇다면 2020년 2월 초 증권사의 전망은 어땠을까? 한 증권사에서 제시한 가장 나쁜 시나리오는 4월까지 확진자 수가 증가하면서 중국 이외의 지역에서 사망자가 발생하는 것으로, 발생 가능성은

10%로 봤다. 그리고 그런 일이 일어난다면 코스피는 1,900~2,250포인트까지 떨어질 것으로 분석했다. 최악의 시나리오가 발생할 확률이야 그 누구도 알 수 없었다고 쳐도 그런 경우가 일어났을 경우 코스피가 저 정도밖에 안 떨어진다고 예상한 것은 상황을 너무 낙관적으로 본 것이다.

더 알 수 없는 것은 언론이다. 언론은 왜 맨날 잘못된 주장을 하는 사람의 말만 다뤄주는지 이해할 수 없다. 내 주변의 주식 투자를 좀 하는 사람들은 일제히 코스피 1,700포인트를 외치면서 KODEX 200선물인버스2X에 돈을 넣기 시작했다. 세상에 주식 투자를 잘하는 사람이 무수히 많은데 왜 언론은 늘 못하는 사람만 골라서 인터뷰를 하는지 모르겠다. 어쨌든 코로나19 대유행을 이미 확신하던 나는 원격 근무, 음압 병상, 폐기물 등의 관련주를 끊임없이 소개했다.

코로나19로 사망자가 발생하고 확진자도 100명을 돌파하면서, 확산은 걷잡을 수 없는 모양새입니다. 그동안 줄곧 코로나19 관련주만 소개했는데요. 그만큼 상황을 엄중하게 보고 있었기 때문이죠. 〈어피티〉의 머니레터에는 하루에 한 종목밖에 소개하지 못해서 답답한 나머지 한꺼번에 다 소개하려고 온라인강의까지 따로 제작했을 정도니까요.

그렇다면 저는 처음부터 이렇게 일이 커질 것을 다 알고 있었을까요? 절대 아닙니다. 저는 그저 미래를 예측하려고 하지 않았을 뿐입니다. 이게 얼마나 퍼질지 예측하려 하지 않고, 그저 매일 늘어가는 확진자와 지역 추이를 주의 깊게 관찰했습니다. 확진자가 늘어갈수록 우리 사회에 미치는 영향이 점점 커지는 것을 보고 그에 맞춰 대응했던 거죠.

미래를 예측하는 일은 어렵습니다. 그에 반해 이미 일어난 일에 대응하기는 쉽습니다. 인간의 능력으로 불가능한 것에 시간을 낭비하기보다는 벌어진 상황에 대응하는 데 집중하는 것이 더 낫지 않을까요?

확진자 100명이 전국에서 발생하는 것과 한 지역에 집중해서 발생하는 것은 전혀 다른 문제입니다. 지금까지는 여러 지역에 퍼져서 확진자가 발생했기 때문에 음압 병상 부족 문제가 드러나지 않았지만, 그저께부터 대구 경북 지역에 집중해서 발생하자 당장 해당 지역의 음압 병상이 부족해졌습니다.

향후 확진자가 계속 늘 경우, 격리 병상의 부족은 큰 문제가 될 수 있습니다. 신속하게 음압 병상이 구축되기를 기원합니다.

2월 21일 〈어피티〉

지난주 금요일, 마스크 제조사의 주가는 상대적으로 주춤했지만, 온라인교육 관련주로 소개한 아이스크림에듀는 29.89%, 택배 상자 골판지 제조사로 소개한 대림제지는 17.44%, 쿠팡 물류사로 소개한 동방은 15.58% 상승했습니다.

왜 그럴까요? 인식의 변화 때문입니다. 마스크 제조사의 주가가 오른다는 것은 사람들이 마스크를 쓰고서라도 밖에 나가겠다는 의지가 반영된 것이죠. 그러나 이제는 아예 밖으로 나가는 것 자체를 피하면서 온라인교육이나 택배 물류 쪽이 더 강세를 보이는 것으로 해석할 수 있습니다.

이제는 코로나19 관련주의 양상도 시대의 흐름에 맞게 변화하고 있습니다. 주말 동안 코로나19 확진자와 사망자가 크게 늘었습니다. 여전히 대구 경북이 많긴 하지만 그동안 확진자가 없던 지역에서도 확진자가 속출했습니다. 이에 따른 공포로 식료품 사재기가 한창인데요. 유통기한이 길다는 점에서 냉동식품을 선호하는 추세입니다.

가정간편식HMR 시장은 1인 가구의 증가와 출산율 하락 등으로 이미 주목받고 있었습니다. 이번 코로나19로 한층 더 성장할 전망이에요. 이번 사태가 얼마나 길어지느냐에 따라 가정간편식 제조 업체들의 매출 상승폭이 결정될 것으로 보입니다.

2월 24일 〈어피티〉

어제 하루 동안 코로나19 확진자가 334명 늘어나면서 점점 증가 속도가 빨라지고 있습니다. 외국인은 코스피에서 4,098억 원을 매도하며 지수 하락을 이끌었어요. 이런 상황에서 "지금은 뭘 해도 안되는 장이야" 또는 "이건 일시 현상에 불과하니까 지나갈 때까지 기다리면 돼"라고 말하는 사람들이 있습니다. 과연 가만히 기다리다가 마침내 반등하면 그 순간을 정확히 포착해서 과감하게 투자할 수 있을까요? 전염병이 어떻게 진행되는지 열심히 추적하고 그에 따른 산업 구조의 변화를 면밀하게 분석하던 사람이 그 순간을 깨닫는 게 더 쉽지 않을까요?

지금 포기하는 사람들은 나중에 막상 반등해도 "어어어…" 하다가 놓치는 경우가 더 많을 수 있습니다. 매일매일의 변화에 둔감해져 있기 때문이죠.

지금과 같은 상황에서 열심히 노력하는 이유는 오르는 종목을 발굴해서 수익을 내기 위함이기도 하지만, 결국은 상황이 마무리되는 때를 누구보다 빠르게 알아채고 대응하기 위함이기도 합니다. 포기하는 자에게 기회는 없습니다.

2월 28일 〈어피티〉

여기에서는 코로나19로 증시가 폭락하면서 모든 종목이 하락한다고 실망하지 말라는 이야기를 했다. 지금 포기하면 나중에 반등했을 때 저점을 잡을 수 없다는 이유에서다. 정신을 똑바로 차리고 상황이 마무리될 때를 빨리 알아채고 대응하라고 주문했다.

2월에 사상 최고치를 기록했던 미국의 3대 지수가 -10% 이상으로 하락하며 조정장에 진입한 가운데, 화상회의 플랫폼 업체

줌ZM은 2월 한 달간 20% 상승했습니다. 심지어 다우지수가 역대 최대 낙폭(-1,190.95포인트)을 기록했던 2월 27일에도 상승해서 화제가 됐죠.

실내 운동기구 업체 펠로톤PTON은 폭락장이었던 지난주에 8% 상승했습니다. 피자 배달업체 도미노피자DPZ는 2월 한 달간 20% 상승했어요. 업무용 모바일 메신저 슬랙WORK은 2월 주가 상승률이 30%입니다.

월스트리트에서는 이런 종목들을 'Stay at Home Stocks'라고 부르며 사람들은 리스트를 작성하는 등 또 다른 수혜주 찾기에 열을 올리고 있습니다.

이렇듯 전 세계적인 폭락장 속에서 코로나19 관련주가 상승을 이어가고 있습니다. 주식 투자에 있어 산업 구조의 변화를 파악하고 그에 대처하는 사람이 이익을 얻는다는 것은 전 세계적으로 지극히 상식적인 이야기일 겁니다.

3월 2일 〈어피티〉

3월이 되자 슬슬 코로나 테마주를 걱정하는 이야기들이 나오기 시작했다. 나는 미국에서도 코로나 테마주는 오른다고 말하면서 독자들의 시야를 넓히고자 노력했다. 사실 내가 계속해서 자신 있게 코로나 테마주를 소개했던 것은 미국 시장을 참고했기 때문이다. 미국의 코로나 테마주들이 오르는 것을 보고 계속해서 〈어피티〉에 소개했다. 미국의 온라인교육 업체의 주가가 급등하면 온라인교육 관련주를 이야기했고, 재택근무 업체의 주가가 급등하면 재택근무 관련주를 이야기했다.

뉴욕 증시에 상장된 TAL에듀케이션그룹TAL은 중국 중고등 온라인교육 업체입니다. 중국도 코로나19로 학교 개학이 늦춰졌는데요. 이로 인해 2월에 TAL에듀케이션그룹의 주가가 약 9% 상승했습니다. 마찬가지로 중국 교육 업체 GSX테크에듀GOTU는 2월 한 달간 23% 상승했습니다.

이 현상에 관해 미국의 언론은 어떤 반응을 보였을까요?《포브스》에서는 '중국의 이러닝 리더들이 코로나바이러스 공포로 32억 달러를 벌었다'라는 제목으로 중국의 온라인교육 업체들이 이번 사태로 얼마나 기업 가치가 상승했는지 자세히 보도했습니다. 물론 사용자 유치를 위한 공격적인 마케팅으로, 단기적으로는 수익으로 이어지기 어려울 겁니다. 하지만 이번 기회로 온라인교육 시장에 발을 들여놓는 사람들이 많아지면, 이 사태가 끝나고 수익으로 이어질 수 있어 투자자들이 희망을 품는다는 내용입니다. 이 밖에도 많은 해외 언론이 코로나19 관련주의 상승을 분석해서 보도했습니다. 분석의 대상이나 내용은 달라도 이 사태가 끝나면 세상은 과연 어떻게 변해 있을지가 공통 관심사입니다.

3월 3일 〈어피티〉

3월 3일에도 미국의 증시에서 크게 오른 온라인교육 관련주를 예로 들며 이것은 세계적인 흐름임을 강조했다. 이 상황에서 한국의 코로나 테마주만 보면서 너무 올랐다고 무서워하는 것이야말로 우물 안 개구리에 지나지 않는다.

1월 9일에 마스크 제조사를 코로나19 관련주로 처음 소개한 이후 두 달의 시간이 흘렀습니다. 코로나19는 전체 증시에는 악영향을 미쳤고, 관련 기업에는 수혜로 작용했는데요.
〈어피티〉에서는 마스크부터 시작해 손 소독제, 골판지, 온라인교육, 재택근무, 전자 결제, 식품 사재기, 쿠팡 물류, IPTV, 음압병상, 의료폐기물, 드론 방역, 부직포까지 다양한 주제를 다뤘습니다. 각각의 주제가 정해진 순서를 딱딱 맞춰서 주목받았던 것은 아니었지만, 어느 정도 흐름은 있었습니다.
이번에도 마찬가지입니다. 사람들이 마스크를 많이 찾으면 당연히 마스크 제조사가 가장 먼저 주목을 받습니다. 하지만 이슈가 계속될 경우 원자재의 중요성이 점점 커지죠. 아직도 뭐가 남았나 싶지만, 소개하고 싶은 것은 여전히 많습니다.

3월 4일 〈어피티〉

3월 4일에는 그동안 수많은 코로나19 관련주를 소개했지만, 아직도 소개할 것이 많이 남았다는 자신감을 내비치기도 했다. 사실 나는 〈어피티〉에 하루에 다섯 종목씩 소개하고 싶은데, 지면이 허락하지 않아 한두 개밖에 소개하지 못하는 것이 늘 아쉽다.

중국과 한국 등 아시아의 코로나19 확진자 증가세는 둔화했지만, 유럽과 미국은 가파르게 증가하고 있습니다. 이에 따라 전 세계적인 소비 침체가 우려되며 글로벌 증시뿐만 아니라 유가도 폭락했습니다.

전통적으로 저유가의 수혜를 보는 기업은 항공, 운송사지만 한국인을 입국 제한하는 국가가 103개에 달하며 항공사는 큰 위기에 봉착했습니다.

반면 택배 운송사의 경우, 택배 물류량이 증가하며 매출 상승의 기회를 잡은 데 이어서 유가 하락으로 비용마저 절감할 수 있었습니다.

'사스, 메르스 때도 그랬으니 이번에도 지나면 괜찮아질 거야'라고 생각했다가 미국과 유럽에서 번지기 시작하면서 이제야 "이거 큰일이구나" 하는 사람. 그리고 어피티를 매일 꾸준히 읽으며 변화하는 산업 구조에 적응해온 여러분. 두 사람의 자산 격차는 점점 벌어지고 있습니다.

3월 9일 〈어피티〉

3월이 되자 이제 아시아를 넘어 미국과 유럽에서 코로나19가 창궐하고 단기 충격에 그칠 것이라고 근거 없는 낙관론을 펼치던 사람과 나의 차이가 극명하게 벌어졌다.

어제도 외국인 매도세가 이어졌습니다. 외국인은 1조 3,000억 원을 순매도했습니다. 역대 최대 규모로, 코로나19 확진자 증가세가 둔화되고 있다고 굳게 믿었던 사람들에게 큰 충격을 준 하루였습니다. 하지만 우리 구독자라면 낯설지 않은 풍경이겠죠. 주식 투자를 어려워하는 이유는 간단합니다. 아무도 모르는 바닥을 예측하려고 애쓰기 때문이죠. 사람들은 미래를 예측하기 위해 과거 사례를 많이 참조하는데요. '과거에 이랬으니 이번에도 이럴 거야'라는 가정은 맞을 수도 있고 틀릴 수도 있습니다. 그것이 맞는지 확인하는 방법은 딱 하나. 시간이 지나길 기다리는 것뿐입니다. 자신의 가정이 옳기를 바라며 무기력하게 시간을 보내다가 틀리면 손실을 볼 것인지, 아니면 눈앞에 닥친 현상에 적극적으로 대처하며 시간을 보낼 것인지는 여러분에게 달려 있습니다.

3월 10일 〈어피티〉

그동안 많이 하락해서 이제 바닥인 줄 알았는데 지하실이 있었다는 사실에 모두 경악하는 동안 〈어피티〉 독자들은 유유히 하락장에서 수익을 내며 즐거워했다. 지금까지 자신이 알던 주식과 실제 시장이 너무나 다르다는 것을 깨달은 독자들의 반응이 홍수를 이뤘다.

국내 코로나19 확진자 감소세, 중국의 코로나19 종식 선언, 공매도 규제, 간밤 미국 증시 큰 폭의 반등, 유가의 급반등. 그 어떤 것도 한국 증시를 안정시키지 못했습니다. 어제도 외국인의 매도가 이어지며 코스피 -2.78%, 코스닥 -3.93%로 하락을 기록했습니다.

투자자들의 새로운 불안은 바로 서울의 확진자입니다. 코로나19의 총 사망자는 중국이 제일 많지만, 베이징과 상하이 등 주요 도시를 방어하는 데는 어느 정도 성공했는데요. 한국은 수도 서울에서 집단 감염이 시작됐기 때문에 한국 증시는 중국 증시보다 낙폭이 큰 모습입니다.

이번 집단 감염은 종교 단체가 아닌 회사라는 점에서 원격 근무 관련주가 다시 주목을 받고 있습니다. 또 콜센터라는 특징 때문에 음성인식이라는 기술이 주목받을 예정입니다. 가뜩이나 모든 게 서울에 밀집된 사회 구조이기 때문에, 서울의 확산 속도가 시장에 미치는 영향은 대구와는 또 다를 것으로 보입니다.

3월 12일 〈어피티〉

대구 신천지 사태로 확진자가 급증했던 한국은 무대가 서울로 옮겨지며 또 다른 위기를 맞았다. 나는 서울의 중요성을 직감하고 마지막 힘을 불어넣고 있었다.

'코로나19의 영향은 제한적일 것' '상반기 한국 수출은 호조를 보일 것' '한국 확진자 증가세가 둔화하면 코스피가 안정될 것' '사스와 메르스 때처럼 금방 회복될 것' 등의 예측을 했던 사람들은 감옥에 가지 않습니다. 인간은 미래를 예측할 수 없기에 틀린 예측을 하는 것은 전혀 잘못이 아니라는 거죠.

그렇다면 그 피해는 누가 볼까요? 고스란히 그 예측을 믿고 투자한 사람들에게 돌아갑니다. 결국, 예측에 따라 투자하는 것은 그것이 틀릴 때 모든 손해를 고스란히 떠안겠다는 각오가 필요한 일입니다. 하루하루 지날수록 상황은 바뀌고 새로운 예측이 나오는 동안, 기존 예측이 틀릴 확률은 높아져 갑니다. 불과 지난주만 해도 국제유가가 배럴당 30달러 밑으로 떨어질 거라 예상한 사람은 아무도 없었지만, 이제는 앞다투어 '20달러 선'을 이야기하고 있는 것처럼 말이죠.

이 구조를 정확히 이해하는 사람과 그렇지 않은 사람은 전혀 다른 시각으로 세상을 바라보고, 그것이 쌓이면 투자자로서 전혀 다른 경험을 하게 될 거예요.

3월 13일 〈어피티〉

서울에서 본격적인 확산세가 이어지자 그제야 "어이쿠 이거 큰일이구나" 하는 사람들이 늘어났다. 코로나19가 사스나 메르스처럼 별거 아니라던 사람들은 "틀렸네" 하면 그만이지만 그 피해는 그 사람들을 믿은 사람들에게 고스란히 돌아갔다.

지난 3월 12일 미국 다우지수는 -9.99%, 나스닥은 -9.43%, S&P 500은 -9.51%로 하락하며 마감했습니다. 이런 낙폭은 1987년 블랙먼데이 이후 최대였습니다.

그렇다면 이런 기록적인 날, 코로나19 관련주들은 어떻게 됐을까요? 마스크 제조사 알파프로텍APT은 9.99% 상승했고, 백신 회사 이노비오INO는 13.5%로 상승했습니다.

연간 수익률로 따져볼까요? S&P 500은 연간 -23.2%를 보인 가운데 코로나19 관련주인 APT, ZM, GOTU, INO, GILD, CODX 등은 연초보다 크게 상승한 상태입니다. 이와 같은 움직임 속에 월스트리트는 또 다른 코로나19 관련주를 찾기 위해 분주한 모습입니다.

주가, 원유, 비트코인, 심지어는 금까지도 하락하는 이 시점에 글로벌 투자자들의 관심은 코로나19 관련주로 쏠리고 있습니다. 이러한 관심이 언제까지 계속될지 궁금합니다.

3월 16일 〈어피티〉

미국에서도 코로나19로 사망자가 늘어나며 증시가 폭락하는 가운데 코로나 테마주만은 선방했다. 그런데 한국에서는 왜 코로나 테마주가 오르는 게 문제라고 말하는 사람들이 많았던 걸까?

아인슈타인의 명언 중에 "Blind belief in authority is the greatest enemy of truth"라는 말이 있습니다. 권위에 대한 맹목적인 믿음이 진실의 가장 큰 적이라는 뜻입니다. '시간과 공간은 절대적이다'라는 기존 물리학계의 맹목적인 믿음을 깨고 상대성 이론을 만들어낸 원동력이죠.

'미국 다우지수가 올라가면' '금리가 내려가면' '공매도가 금지되면' '한국 확진자가 줄면' 국내 주식이 오를 거라는 믿음을 가졌던 분들은 어제가 실망스러운 하루였을 겁니다. 미국 다우지수는 금요일에 무려 9.36%로 폭등했고, 금리도 0%로 낮아졌습니다.

거기다가 국내에서는 6개월간 공매도 금지 조치까지 나왔죠. 국내 코로나19 확진자 증가세는 줄고 신규보다 완치가 많아졌지만, 코스피는 -3.19% 코스닥은 -3.72%로 하락했습니다.

평소에 금리, 환율, 유가, 해외 지수 등 다방면으로 열심히 공부했던 사람이라면 지식을 이용해서 투자하려고 합니다.

문제는 '금리가 내리면 시장에 유동성이 풍부해져서 주가는 오른다' '원·달러 환율이 오르면 수출 관련주가 좋다' '전염병 때문에 떨어진 주가는 금방 반등한다' 등의 맹목적인 추종 때문에 명백한 진실을 보지 못한다는 것입니다.

그 진실은 뭘까요? 바로 '인간은 미래를 예측할 수 없다'라는 아주 간단한 사실입니다. 과거의 지식으로 함부로 미래를 예측하지 않고 겸손한 자세로 투자에 임한다면 진실은 여러분의 편이 될 것입니다.

3월 17일 〈어피티〉

이미 코로나19 관련주를 거의 다 소개하고 별다른 새로운 내용이 없었던 이때 내가 가장 좋아하는 아인슈타인의 말을 인용해 글을 썼다. 시간과 공간은 절대적이라는 물리학의 대전제를 상대성 이론으로 시원하게 부숴버린 그는 '장기 투자만이 옳은 투자법이다'와 같은 사고방식에 사로잡힌 업계에서 외로이 싸우는 나에게 영웅이다. 인간은 미래를 예측할 수 없으며 일어난 일에 대응하는 것이 최선이라는 나의 믿음이 옳다는 것이 증명되던 때였다.

월요일 밤 미국 증시는 또 급락하며 블랙먼데이를 기록했습니다. 이걸 보고 어제 아침에 '한국도 많이 내리겠네'라고 생각했던 사람은 다시 혼란스러웠을 것입니다. 미국 다우지수가 -12.93%로 하락했고 코스피는 -2.47%로 하락했지만, 코스닥은 2.03% 상승했기 때문이죠. 그렇다면 다우지수와 코스피지수는 무관한 걸까요? 아니면 또 새로운 뭔가가 생긴 걸까요?
'바닥을 알기만 하면 돈을 왕창 넣어서 많이 벌 수 있을 텐데'라고 생각하며 오늘도 미지의 세계로 여행을 떠나는 사람과 당장 눈앞의 일에 하루하루 열심히 대비하는 사람. 모든 문에 맞는 절대 열쇠가 있다고 믿으며 그 열쇠를 찾으면서 인생을 보내는 사람과 문마다 다른 열쇠가 있다며 매일 새로운 열쇠를 만들면서 인생을 보내는 사람.

시간이 지나, 언젠가 또 다른 악재에 의해 시장이 충격을 받을 때 이 두 사람의 대처는 어떻게 다를까요? 증시의 거친 파도를 이겨내는 힘, 바로 여기에 있습니다.

3월 18일 〈어피티〉

여기서 한동안 나의 지론이었던 '열쇠론'이 등장한다. 어떤 상황에도 통하는 만능열쇠라는 것은 이 세상에 없는데 그게 마치 있는 것처럼 시간을 허비하는 사람들을 보면 안타깝다. 열쇠는 문마다 다르므로 매일 다른 열쇠를 만들어야 한다.

주식 투자를 조언하는 사람으로서 장기 투자는 매우 달콤한 유혹입니다. 당장 조언이 틀렸더라도 "10년 묻어두면 올라간다" "이것만 지나가면 회복된다" "존버는 승리한다" 등의 말로 비난을 피할 수 있기 때문이죠.

10년 뒤 누가 무슨 말을 했었는지 아무도 기억하지 못합니다. 지금 와서 2010년에 앞의 말을 한 사람을 찾아낸다고 해도 어쩌면 "그럼 20년 기다리면 돼" "코로나19만 끝나면 돼"라고 말할지도 모릅니다. 결과는 2030년에 가봐야 알 수 있겠죠. 또 틀리면, 2040년까지 기다려야 할지도 모르겠습니다.

저는 이런 편한 길을 놔두고 매일 평가를 받아야 하는 고난의 길을 가고 있는지도 모릅니다. 그러나 제가 힘들더라도 여러분이 받을 고통을 외면할 수는 없습니다.

재난 상황에서 매일 하나라도 '비씨월드제약' 같은 구체적인 희망을 찾아서 보여드리려고 합니다. 그래서 먼 훗날 여러분이 코로나19에 맞서 역사의 현장에 서 있었고, 앞이 보이지 않는 터널을, 저를 횃불 삼아 함께 지나왔다고 말할 수 있다면 그보다 더한 행복은 없겠습니다.

3월 24일 〈어피티〉

3월 20일 증시가 바닥을 찍었다는 것을 직감한 나는 그동안 바닥에서 쓰려고 아껴둔 원고를 풀었다. 그동안 정신없는 하락장에서 나를 믿고 성원을 보내준 수많은 독자에게 감사하는 마음을 담아 정성껏 썼다. 실제로 이때 가장 좋은 피드백을 받았다.

그렇다면 도대체 실제 수익률은 어땠을까? 내가 소개했던 종목들을 그래도 매매했다면 말이다. 다음의 인증 사진은 〈어피티〉 독자 중 한 분이 고맙다며 효라클 카페에 공유한 것이다. 2020년 1월부터 5월까지 수익률은 364.24%, 수익은 약 1억 1,000만 원이다. 코스피

〈어피티〉를 참고해 투자한 독자의 수익

조회기준	1. 투자원금평잔기준 ▼		○일별 ◉월별	조회기간	2020-01 ⊞	-	2020-05 ⊞		※ 전일분까지 조회됩니다.
수익률 합계									
투자원금평가	30,125,019	기간내 입금액	20,451,000	기간내 출금액	41,523,300	평가손익	109,727,894		
기간투자원금	17,263,523	기간내 입고액		기간내 출고액		수익률	364.24		
예탁평잔	30,125,019	입금/입고합계	20,451,000	출금/출고합계	41,523,300	약정금액	7,135,581,328		
평가기간 초 예탁자산			38,335,823	평가기간 말 예탁자산			126,991,417		

기간말일	수익률	평가손익	투자원금평잔	약정금액	입금금액	출금금액	입고금액	출고금액	^
2020-05	18.22	19,573,846	107,417,571	1,168,029,547					
2020-04	56.37	39,183,436	69,505,221	1,930,754,375	451,000	16,432,400			
2020-03	42.80	25,709,495	60,060,446	2,281,663,296	20,000,000	22,190,300			
2020-02	33.14	15,551,768	46,920,703	1,085,845,165		2,900,600			
2020-01	25.32	9,709,349	38,335,823	669,288,945					

출처 : 효라클 카페

가 떨어지는 와중에서도 내가 소개한 코로나 테마주에만 잘 투자했다면 이 정도의 이익을 얻을 수 있었다. 특히 3월에 나의 글을 읽고 2,000만 원을 긴급 투입한 것이 큰 효과를 봤다고 했다.

그리고 아까 말했던 KODEX 200선물인버스2X에 돈을 넣은 사람들은 어떻게 됐을까? 역시 〈어피티〉 독자들의 여러 인증 사진 중 하나를 다음 페이지에 공개한다.

해당 독자는 코스피지수가 1439.43으로, 최저점이었던 2020년 3월 19일에 KODEX 200선물인버스2X를 매도했다. 수익률은 45.36%로, 액수로 따지면 966만 원 정도다.

지금까지 코로나19 당시의 주식 시장을 살펴봤다. 여기서 우리가 얻을 수 있는 교훈은 무엇일까? 이때로 돌아간다면 우리는 어떤 자세를 취해야 할까? 역사를 통해 좀 더 자세히 이야기해보자.

KODEX 200선물인버스2X에 투자한 독자의 수익

주식잔고/손익			
종목별 매매내역			
KODEX 200선물인버스2X ▼			
손익금액	22,503,560	매도금액	211,066,135
제비용	39,890	매수금액	188,522,680
매매일	실현손익	금액	수수료
매매구분	손익률	수량	세금
2020.03.16		7,062,195	7
현금매수		791	
2020.03.17	47,440	413,660	
현금매도	12.95%	43	
2020.03.18	45,697	301,200	
현금매도	17.88%	30	
2020.03.19	9,657,043	30,950,000	3,0
현금매도	45.36%	2,500	
2020.03.19		27,291,000	2,7
현금매수		2,200	
2020.03.24	8,776,417	75,404,345	7,5
현금매도	13.17%	6,818	
확인			

출처 : 나무 MTS

주식 시장은 되풀이된다

그렇다면 나는 어떻게 코로나바이러스가 본격적으로 퍼지지 않은 2020년 1월부터 대비할 수 있었을까? 그 해답은 바로 역사에 있다.

인류 역사상 가장 큰 피해를 본 전염병은 흑사병이었지만, 애석하게도 그 당시에는 주식 시장이라는 것이 없었다. 주식 시장이 생긴 뒤 가장 치명적이었던 전염병은 스페인독감이다. 스페인독감은 1918년부터 1919년까지 세계적으로 약 5,000만 명이라는 엄청난 사망자를 발생시킨 전염병이다. 세계 인구가 약 18억 명이었다는 것을 생각하면 정말 많은 사람이 목숨을 잃었다. 이 당시는 제1차 세계 대전이 한창일 때였는데, 전쟁으로 죽은 사람보다 스페인독감으로 죽은 사람이 더 많았다. 질병의 발원지는 미국으로, 제1차 세계 대전 중에 이런 뉴스가 나온다면 적에게 유리할 수 있었기에 언론을 철저하게 통제했다. 대신 참전국이 아니던 스페인 언론에서 이를 자세히 다루면서 스페인독감이라는 억울한 이름이 붙었다. 스페인독감은 일본의 식민지였던 조선에도 큰 상처를 줬다. 무오년에 퍼진 독감이라 하여 무오년 독감으로 불렸는데, 조선인 1,678만 명 중 거의 절반인 742만 명이 감염됐고 14만 명 가까이 사망했다. 일본의 무능한 방역 대책이 조선인들의 반일 감정을 키우고 이것이 1919년 삼일운동으로 발전했다는 설도 있다.

흔히 역사를 공부하는 사람들은 이런 이야기에 초점을 맞춘다. 어떤 사건이 다음 사건에 어떤 영향을 미쳤는지, 그래서 무슨 일들이 언제 일어나게 됐는지를 중점적으로 공부한다. 아마 다음은 스페인독감으로 제1차 세계 대전이 조기 종식되고 패전국 독일이 베르사유 조약을 맺으면서 천문학적인 배상금을 물게 된 이야기, 그로 인해 경제가 파탄 난 독일이 히틀러를 열광적으로 지지하면서 제2차 세계 대전으로 이어지는 이야기가 나오지 않을까 싶다.

하지만 나는 역사를 조금 다른 시각으로 봤으면 좋겠다. 이 세상 모든 역사는 두 가지에 의해서 일어난다. 종교와 돈이다. 모든 전쟁은 종교적 이유 아니면 경제적 이유로 일어나고 모든 역사적 대사건들은 이 두 가지가 동기로 작용한다. 현대에 와서는 종교보다는 경제적인 이유가 압도적이다. 따라서 모든 행동의 동기가 되는 돈의 흐름을 제대로 분석해야만 한다.

하지만 한국의 교육 과정에서는 이를 제대로 다루지 않는다. 그저 과거에 일어난 역사적 사실에만 집중할 뿐 그 당시의 경제적인 상황은 전혀 조명하지 않는다. 경제를 이해함으로써 굉장히 의미 있고 중요한 교훈을 얻을 수 있는데도 불구하고 그것을 모른 채 지나간다. 내가 대학에서 학생들을 가르치며 매진하는 연구도 결국 역사를 통해서 경제 지식을 넓히자는 취지다.

여기서 사람들이 이런 질문을 했으면 좋겠다. "스페인독감이 유행했을 때 미국 증시는 어땠을까?" 아마 대다수가 "그 옛날에 주식 시장이 있었어?"라고 반문할지도 모르겠다. 그도 그럴 것이 미국에서는 이미 자본주의가 발달해서 주식 거래가 이뤄지고 있는 동안 한국은 일본의 식민 통치 시기였으니 말이다. 다음 페이지의 그래프를 보면 당시의 다우지수를 알 수 있다.

빨간 선은 스페인독감으로 인한 사망자 수이고, 검정 선은 다우지수다. 90 정도이던 다우지수는 1918년 10월 겨울이 다가오면서 사

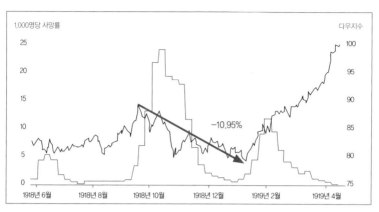

1,000명당 사망률

다우지수

−10.95%

출처 : Bespoke Investment

망자가 크게 늘자 11%가량 하락했다. 하지만 두 번째로 사망자가
늘었을 때는 아랑곳하지 않고 상승했다. 이는 코로나19 때도 같았는
데, 처음 대구에서 신천지 교인들을 중심으로 확진자가 나왔을 때는
코스피지수가 폭락을 보이다가 몇 개월 뒤 재차 확진자가 크게 늘었
을 때는 크게 동요하지 않았다.

만약 학교에서 스페인독감 당시의 다우지수를 배웠다면 더 많은
사람이 2020년에 과감하게 투자해서 돈을 벌지 않았을까? 그 뒤의
다우지수(다음 페이지의 그래프)를 보면 입이 더 벌어진다.

스페인독감이 지나가고 잠깐 주춤했던 다우지수는 1921년부터
급등하기 시작해 1929년 대공황 전까지 무려 500%가 상승하는 기
염을 토한다. 이 시기를 사람들은 "광란의 20년대"라고 부른다. 하지
만 한국인들은 이 중요한 시기를 잘 모른다.

1915~1929년 다우지수

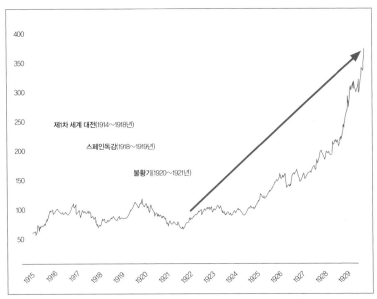

1920년대는 일본의 식민지 정책이 바뀌고 수탈이 본격화된 시기였다. 물론 일본이 한국에 가한 피해를 공부하는 것은 중요하다. 그러나 세계 경제사의 중대한 시기를 공부하는 것 역시 중요한 문제다.

다시 스페인독감 이야기로 돌아가자. 광란의 20년대를 이끌었던 것은 소비였다. 제1차 세계 대전 때 억눌렸던 소비는 스페인독감으로 인한 조기 종전과 함께 폭발하면서 많은 산업 발전의 기폭제가 됐다. 대량 생산을 통해 공산품의 가격이 낮아지면서 사람들은 자동차를 샀고, 생활방식의 변화로 많은 수요가 새롭게 창출했다. 이렇게 소비가 받쳐주니 당연히 공장마다 많은 노동력이 필요해졌다. 게다가 공장 노동자들의 소득이 늘어나자 이들은 더 많은 소비를 했다.

코로나19는 어땠을까? 역시 질병의 공포가 어느 정도 지나가자 사람들은 돈을 쓰기 시작했다. 전쟁이나 전염병 이후에 소비가 폭발하는 현상은 이 기간에 저축률이 높아지기 때문이다. 사람들은 불안하기 때문에 일단 돈을 쓰지 않고 저축한다. 그러다 보니 나중에 한꺼번에 소비로 이어지는 것이다. 미국에서는 2020년 3월 코로나19의 공포가 극에 달했을 때 개인 저축률이 약 35%까지 치솟았다. 참고로 제2차 세계 대전 때도 30%가 넘지 않았다. 미국인들이 제2차 세계 대전 때보다 더 공포를 느낀 셈이다. 제2차 세계 대전 때는 미국 본토에서 전쟁이 일어나지 않아 주변에서 사람이 죽는 모습을 목격할 수 없었지만, 코로나19는 이웃의 죽음을 직접 볼 수밖에 없었다.

이는 미국뿐만 아니라 전 세계가 마찬가지였다. 유럽, 일본, 한국 모두 저축률이 많이 늘었다. 어느 정도 공포가 사라지자 그것은 소비로 이어졌다. 이를 언론에서는 '보복 소비'라고 표현했다. 전염병 때문에 실직자가 많아지고 망하는 가게도 많은데 도대체 어떻게 소비가 회복될 수 있었는지 궁금하다면, 저축률이 아주 중요한 단서라고 할 수 있다. 역사를 경제적 측면에서 공부했더라면 다 알 수 있는 내용이지만, 대부분이 이와 같은 사실을 알지 못한다.

여기에 기름을 부은 것이 바로 미국의 재난지원금이다. 미국은 즉각적으로 엄청난 규모의 재난지원금을 모든 가정에 뿌리기 시작했다. 미국이 2020~2021년 재난지원금으로 지출한 금액의 규모는 무려 5조 달러에 달한다. 재난지원금의 목적은 당장 굶어 죽거나 길거리에 나앉을 위기에 처한 사람들을 구제하는 것이지만, 시중에 화폐량이 갑자기 증가하면서 달러로 표시되는 각종 자산의 가격이 치솟았다. 이는 아이러니하게도 재난지원금이 없어도 사는 데 아무 지장 없는 부유층들이 보유한 부동산이나 주식 등의 자산 가격을 엄청나게 올리는 결과를 가져왔다.

높은 저축률로 인한 소비 여력에 재난지원금까지 더해지면서 전 세계 증시는 빠르게 안정을 되찾았다. 미국의 1920년대처럼 전염병이 퍼지기 전보다 훨씬 높은 주가를 기록했다. 그리고 수많은 기업이 역대 최대 실적을 달성했다. 사실 사스, 메르스와 코로나19의 결정적인 차이는 '미국'이다. 미국에서 코로나19 사망자가 많이 나왔기 때문에 전 세계의 주가는 사스, 메르스 때보다 훨씬 가파르게 떨어졌고 미국에서 천문학적인 재난지원금을 뿌렸기 때문에 증시는 빠르게 회복했다. 소비 왕국인 미국의 경제가 타격을 입는다는 것은 미국이 생산한 물건을 사줄 사람이 없어진다는 의미다. 따라서 앞으로도 전염병의 심각성 유무를 따지기 위해서는 미국의 동향을 유심히 봐야 한다.

이런 분석은 지나고 나면 누구나 다 할 수 있다. 하지만 중요한 점은 미리 알아야 돈을 벌 수 있다는 것이다. 남들보다 먼저 알려면? 과거에 일어났던 비슷한 사건을 참고하면 쉽다. 인간의 본성은 변하지 않기 때문에 아무리 과거의 일이라도 심리는 비슷하다. 인간은 전염병이 돌면 공포를 느끼고 저축을 많이 한다. 이는 원시 시대부터 인간이 느껴온 공포가 행동으로 나타난 것뿐이다. 동굴에서 살다가 저 멀리 맹수의 소리가 들리면 얼른 채집한 식량을 숨기고 움츠러드는 행동과 다를 바가 없다.

이렇게 역사적 사실을 경제 흐름에 따라 공부하면 비슷한 사건이 일어났을 때 지식은 돈이 된다. 인플레이션 때문에 월급만으로 생활이 빠듯하다면 이 책을 잘 읽고 역사적 사실을 통해 얻은 교훈을 잘 기억하길 바란다. 본질이 비슷한 사건은 이름만 바꾼 채 다시 일어나게 마련인데, 인간은 과거의 교훈을 망각하기 일쑤다.

 복습 노트

전염병이 퍼지면 사람들은 극도의 공포감으로 소비를 줄이기 때문에 저축률이 올라간다. 이는 전염병 이후 폭발적인 소비가 발생하는 원동력이다. 전염병의 심각성을 판단하기 위해서는 미국의 피해를 유심히 살펴보자.

엔터테인먼트

K-문화가 돈이 된다

나는 지금까지 상당히 비판적인 시각으로 한국에 관해 글을 썼다. 한국의 주식 전문가들, 교육, 경제 인식 등 많은 것을 비판했지만 좋아하는 것도 많다. 그중에서도 대표적인 것이 바로 엔터테인먼트 산업이다. 중국의 고전 중에서 한국 민족을 소개한 《위지동이전》을 보면 명절에 노래와 춤으로 며칠 밤을 새웠다는 기록이 있을 정도로 가무에 진심이었던 만큼 한국의 엔터테인먼트 산업은 세계적 수준이다. 어릴 때부터 동네에서 축구만 하면서 자란 브라질 선수들이 축구를 잘하는 것과 같다. 지금은 아니지만 예전에 회식 문화에서 빠질 수 없었던 것이 바로 노래방이었을 정도로 한국인들은 노래와

춤을 좋아한다. 이를 방증하듯 오늘도 수많은 아이돌 지망생이 기획사의 연습실에서 구슬땀을 흘리며 데뷔를 준비하고 있다. 하지만 아시아 일부 지역에서만 인기 있던 K팝을 음악 산업의 중심지인 미국에서 통하게 한 사람은 아이돌이 아닌 '싸이'였다.

2012년 9월 26일, 빌보드 홈페이지에 놀라운 소식이 올라왔다. 싸이의 〈강남스타일〉이 빌보드 핫 100에서 2위를 차지했다는 것이다. 미국 시장을 공략하려고 만들지 않은 노래가 세계 음악 산업의 중심지인 미국 한복판에 진출했다. 미국인들은 가사 뜻도 전혀 알지 못한 채 "오빠 강남스타일"을 부르며 말춤을 따라 췄고 강남은 이제 서울보다 유명한 지명이 됐다. 실제로 내가 2013년에 두바이 해외 출장을 갔을 때 입국 심사를 하던 사람이 내 여권을 보더니 대번에 "오! 강남스타일"이라고 하면서 기분 좋게 도장을 찍어줄 정도로 강남을 모르는 사람은 없었다.

빌보드에는 여러 차트가 있지만, 그중에서도 가장 메인이라고 불리는 것은 핫 100과 빌보드 200이다. 핫 100은 멜론 톱 100처럼 그 주에 가장 인기 있는 곡을 1위부터 100위까지 선정한 것이다. 빌보드 200은 앨범의 인기 순위를 1위부터 200위까지 선정한 것이다. 물론 이전에도 한국 아이돌 그룹들이 미국 내 아시아인들의 사랑에 힘입어 빌보드 200 안에 드는 경우가 종종 있었다. 하지만 아무래도 가사가 한국어다 보니 특정 곡이 핫 100에 들기는 쉽지 않았다. 이 당시 빌보드 핫 100에서 1위를 하던 곡은 마룬5의 〈One More

Night〉였다. 마룬5가 1위를 하는 건 아이유가 멜론 톱 100에서 1위를 하는 것처럼 자연스러웠지만 싸이는 너무나 새로웠기에 많은 사람의 이목이 쏠렸다.

싸이의 〈강남스타일〉이 전 세계적으로 인기를 끈 이유가 무엇일까? 바로 유튜브다. 사람들은 유튜브에 올라온 싸이의 뮤직비디오를 보고 무슨 말인지 몰라도 흥겨운 멜로디와 코믹한 춤, 황당한 상황들을 보며 즐거워했다. 해외에서 인기를 끌자 동영상 조회 수는 기하급수적으로 늘어났고, 급기야는 52일 만에 1억 뷰를 달성했다. 그 뒤로 속도는 점차 빨라져서 66일 만에 2억 뷰, 76일 만에 3억 뷰를 기록했다. 이는 당시 유튜브 역사상 가장 빠른 속도였다. 여기에 감명을 받은 에릭 슈미트 구글 회장이 한국으로 날아와 싸이에게 말춤을 배우기도 했다. 이 사건은 두 가지 측면에서 큰 의의가 있다.

첫째, 한국어 노래도 미국에서 충분히 통한다는 것을 입증했다. 미국은 영어 이외의 다른 언어에 관심이 없기로 유명하다. 한국에서는 어릴 때부터 영어, 중국어 등 외국어 교육이 활발하지만, 미국에서는 모든 콘텐츠가 영어로 번역되기 때문에 굳이 외국어를 공부할 필요가 없다. 음악 역시 미국에 워낙 쟁쟁한 가수가 많으니 굳이 외국 노래의 필요성을 느끼지 못한다. 우리 역시 할리우드 영화를 많이 보지만 멜론 톱 100을 보면 거의 한국 노래다. 음악은 그 나라의 정서를 반영해야 인기가 많다. 그래서 그동안 미국 음악 산업에 진출을 시도했던 기획사들은 예외 없이 모든 노래를 영어로 바꿔서 부르는 시도를 했다. 하지만 다른 국가의 아이돌이 한국어로 노래를 부른다 한들 인기가 없을 게 뻔한 것처럼 한국 기획사의 시도는 번번이 무산됐다. 이를 한 방에 타개한 것이 싸이의 〈강남스타일〉이다. 언어가 통하지 않아도 반복적이고 흥겨운 멜로디와 잘 만든 뮤직비디오만 있다면 미국 시장에서 성공할 수 있다는 가능성을 보여줬다.

둘째, 유튜브의 활용이다. 이때만 해도 한국에서 유튜브의 영향력은 크지 않았다. 초창기에는 미국인들이 생산한 콘텐츠가 많아서 한국에서 볼만한 콘텐츠는 많지 않았다. 지금이야 유튜브의 영향이 절대적이지만 당시만 해도 한국인들은 유튜브의 힘을 잘 몰랐다. 하지만 싸이가 유튜브를 통해서 글로벌 스타로 떠오르는 걸 본 많은 사람이 유튜브의 힘을 실감했다. 미국뿐만 아니라 유럽 시장에 적은 돈으로 어필할 수 있는 통로가 유튜브라는 것을 깨닫고 본격적으로 유튜브를 파고들기 시작했다.

그렇다면 싸이의 소속사였던 와이지엔터테인먼트의 주가는 어떻게 됐을까? 보통 사람이라면 "아 그런 일이 있었구나" 하고 말겠지만, 주식 투자를 하는 사람들은 이런 것에 집중해야 한다. 그래야 나중에 또 어떤 가수가 빌보드 차트 상위권에 진입하면 활용할 수 있을 테니 말이다(그리고 그 일이 실제로 일어났다).

2012년 9월 중순까지만 해도 4만 5,000원 정도에 머물던 와이지엔터테인먼트의 주가는 싸이의 빌보드 핫 100 2위 소식이 나오자 10월 2일 8만 1,000원까지 상승했다. 2주 만에 약 80%가 오른 셈이

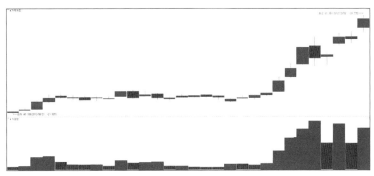

출처 : 미래에셋 HTS

다. 2021년 말 와이지엔터테인먼트의 주가가 5만 5,000원 수준인 것을 생각해보면 당시의 주가가 상당히 높았음을 알 수 있다. 2012년 9월 코스닥지수는 530선 수준이었고 2021년 말 코스닥지수는 1,000을 넘겼다. 지수가 두 배 오르는 동안 한국을 대표하는 엔터테인먼트 기업 중 하나이자 코스닥150에 편입된 우량주는 오히려 하락했다. 와이지엔터테인먼트는 사상 처음으로 코스닥 시가총액 9위를 기록했다.

여기서 주목해야 할 점은 이때 발행한 키움증권의 리포트다. 싸이가 세계적인 인기를 얻게 됐으니 소속사인 와이지엔터테인먼트가 돈을 많이 벌 것이고 이 때문에 목표 주가를 높게 잡았다고 했다. 이 말 자체는 틀리지 않았다. 그리고 실제로 와이지엔터테인먼트도 싸이 덕분에 돈을 많이 벌었다. 하지만 문제는 주가가 이와는 아무런 상관없이 움직인다는 것이다. 와이지엔터테인먼트의 2012년 9월부터 2013년 3월까지의 차트를 보도록 하자.

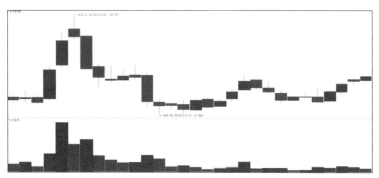

출처 : 미래에셋 HTS

와이지엔터테인먼트는 8만 원을 돌파한 뒤 〈강남스타일〉의 순위
가 내려오면서 주가가 다시 예전 수준으로 내려갔다. 그리고 2013년
3월 실적 발표를 한 뒤에도 주가는 회복하지 못하고 5만 원 수준에
머물렀다. 와이지엔터테인먼트의 2012년 영업이익은 185억 4,500만
원으로 전년보다 20.3% 증가했다. 결국, 주가는 화제나 이슈에 따라
서 움직이는 것이지 실제로 얼마를 벌었고 회사가 얼마나 이익을 냈
는지는 아무 상관이 없다. 놀랍게도 9년 동안 코스닥지수가 두 배 올
랐음에도 여전히 그때의 주가를 회복하지 못하고 있다.

그렇다면 와이지엔터테인먼트는 9년 동안 돈을 못 벌었을까? 와
이지엔터테인먼트의 2021년 영업이익은 506억 원으로 사상 최대를
기록했다. 2012년보다 영업이익이 무려 세 배 가까이 증가했다. 이
제 증권사 리포트의 논리 구조를 살펴보자.

A : 어떤 기업에 좋은 일이 있다.

B : 그것을 통해서 얼마를 벌 것이다.

C : 따라서 목표 주가는 다음과 같다.

A와 B가 모두 옳다고 해도 C가 틀릴 수 있다. 실적과 무관하게 주가는 움직이는데 증권사 리포트는 여전히 같은 논리 구조를 고수하고 있다. 실제 상황을 반영한 올바른 논리 구조는 다음과 같다.

어떤 기업에 호재가 있다.

그것을 통해서 얼마를 벌 것이다.

주가에 이미 반영됐으니 올랐을 때 팔아야 한다.

2012년 10월 와이지엔터테인먼트의 주식을 8만 원에 산 사람에게 다음과 같은 말을 한다면 믿을까? "2013년 싸이가 컴백해서 빌보드 차트 상위권에 진입할 거고 9년 동안 코스닥지수는 두 배가 오르며 와이지엔터테인먼트의 영업이익은 세 배가 되는데도 9년 뒤 주가는 5만 5,000원이야."

여기서 아주 중요한 키워드는 '선반영'이다. 즉, 기업에 호재가 생겼을 때 주가가 급등하는 이유는 미래의 실적을 미리 반영해서다. 지금 당장 돈을 벌어들이고 있지만, 그것이 실적으로 발표되는 시점은 몇 달 뒤다. 따라서 사람들은 몇 달 뒤에 발표될 실적을 예상해서 시세를 당겨온다. 마치 빚을 내는 것처럼 미래의 시세를 미리 가져오는 것이 바로 '선반영'이다. 그러니까 막상 실적이 발표될 시점엔 잠잠한 경우가 많다. '실적과 주가가 무관하다고 하더니 나는 실적이 좋아서 주가가 오르는 경우를 많이 봤는데?'라고 생각했다면 선반영되지 않은 종목을 발견한 것이다. 아무도 그 기업이 그렇게 돈을 많이 버는지 몰라서 주가에 미리 반영되지 않은 경우다. 흔히들 말하는 "뉴스에 팔아라"라는 말은 바로 이 선반영을 경고하는 격언이다.

그런데 싸이 열풍으로 주가가 폭등한 기업은 따로 있었다. 다들 싸이의 소속사였던 와이지엔터테인먼트만 생각했겠지만, 가장 많이 오른 종목은 디아이였다.

이른바 천국의 계단식 상승을 보여줬던 디아이는 2012년 9월 중순까지만 해도 2,100원이었다. 10월 15일에 1만 3,100원을 기록하면서 2주 만에 무려 여섯 배가 올랐다. 도대체 디아이에 무슨 일이 있었던 것일까? 디아이는 싸이의 아버지인 박원호 회장이 대주주로 있는 기업으로 반도체 장비업체다. 싸이와 아무런 상관없는 사업인데 왜 그렇게 올랐던 걸까?

디아이는 2008년 주주총회에서 엔터테인먼트 사업을 사업 목표에 추가한 바 있다. 따라서 싸이가 글로벌 인기 가수가 된 이상 더는 와이지엔터테인먼트에 남아 있을 리가 없다는 주장이 설득력을 얻었다. 싸이가 아버지 회사인 디아이로 소속사를 옮기면 가족끼리 모

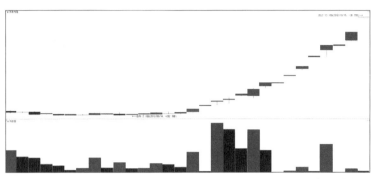

2012년 9~10월 디아이 차트(일봉)

든 매출을 나눌 수 있기 때문이다. 과거에는 국내에서 주로 활동해서 와이지엔터테인먼트 소속이라는 점이 큰 도움이 됐지만, 앞으로 미국에서 주로 활동할 거라면 미국의 대형 기획사가 아닌 이상 와이지엔터테인먼트나 디아이나 비슷할 것이라는 의견도 다수였다. 디아이 측은 이를 부인했지만 이런 주장은 곧 사실처럼 받아들여져 주가는 폭등했다.

끝을 모르고 상승하던 디아이 주가가 하락한 것은 뜻밖의 계기였다. 싸이의 할머니가 디아이 주식을 장내 매도한 것이다. 상한가를 찍은 10월 15일 싸이의 할머니가 5,378주, 약 7,000만 원을 매도한 것으로 알려지면서 디아이의 주가는 급락했다. 디아이는 4거래일 연속 하한가를 기록하며 주가는 7,000원대로 주저앉았다. 이 당시 하한가 폭은 -15%로, 4거래일 연속 하한가를 기록한 것치고는 가격이 많이 하락하지 않았다. 사실 이때 디아이의 주가는 부푼 풍선 같아서 살짝 건드리기만 해도 터지기 직전이었다. 때마침 싸이의 할머니가 주식을 매도하면서 '가족이 팔 정도면 이제는 끝물이 아니냐'라는 불안감이 엄습했다.

그렇다면 디아이의 주가를 미친 듯이 끌어올렸던 싸이의 소속사 변경설은 허무맹랑한 이야기였을까? 그로부터 7년 뒤인 2019년 싸이는 자신의 소속사 '피네이션'을 설립했다. 현재 '피네이션'은 디아이의 계열사로 당당하게 등재돼 있다.

싸이가 와이지엔터테인먼트로부터 독립해서 디아이로 소속사를 옮길 것이라는 예측은 7년이 지나서 들어맞았다. 그렇다면 대단한 선견지명이 있었던 것이 아닌가! 다만 주가는 미리 반영돼 이미 올랐지만, 디아이의 상승을 보고 그저 테마주라며 비웃었던 사람들은 반성해야 한다. 삼성전자 같은 대형주의 먼 미래를 예측해 투자하는 사람은 칭송하면서 7년 앞을 내다보고 소형주에 투자하는 사람은 왜 비웃는지 모르겠다. 어쩌다 우연히 맞힌 거 아니냐고? LG에너지솔루션의 물적 분할도 예상하지 못하는 수준의 전문가들이 제발 어쩌다 우연히 한 번이라도 맞혔으면 좋겠다.

〈강남스타일〉의 열풍이 사그라들자 싸이는 다음 곡으로 빌보드를 다시 노렸다. 2013년 4월 〈젠틀맨〉이 발표되자 역시 유튜브에서는 난리가 났다. 뮤직비디오가 공개된 지 4일 만에 최단기간 1억 뷰를 달성하면서 기대감을 올렸다. 〈강남스타일〉 뮤직비디오가 52일 만에 1억 뷰를 달성했는데 그것보다 훨씬 빨랐기에 이번에도 좋은

디아이 분기보고서

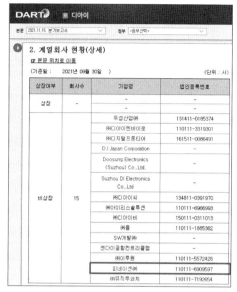

성적을 거둘 것이라는 희망이 싹텄다. 실제로 〈젠틀맨〉은 빌보드 핫 100 5위까지 올라가며 선방했지만, 전작을 뛰어넘지는 못했다. 그러나 싸이가 한국 음악계에 남긴 업적은 실로 위대하다.

〈젠틀맨〉 발표 후 가장 많이 올랐던 종목은 디아이가 아니었다. 주인공은 오로라였다. 오로라는 4월 초 6,000원대에서 싸이의 신곡 발표 후인 4월 17일 1만 2,450원까지 두 배가량 급등했다. 왜 갑자기 이렇게 오른 걸까? 와이지엔터테인먼트와 맺은 계약 때문이었다. 오로라는 4월 11일 와이지엔터테인먼트와 캐릭터상품에 관한 라이선싱 에이전트 계약을 체결했다. 인형, 완구를 만드는 오로라가 와이지

2013년 4월 오로라 차트(일봉)

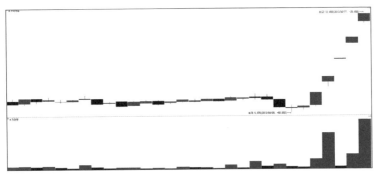

출처 : 미래에셋 HTS

엔터테인먼트 소속 연예인들의 굿즈를 생산해서 판다고 하니 사람들
은 자연스럽게 싸이의 캐릭터상품을 떠올렸다. 그 뒤로 오로라는 5거
래일 연속 상한가를 기록하며 급등했다. 여기서 우리는 두 가지 교훈
을 얻을 수 있다.

첫째, 포기하지 말자. 싸이가 처음 〈강남스타일〉로 미국에서 인기
를 끌었던 것은 누구도 예측할 수 없었던 갑작스러운 일이었다. 따
라서 디아이를 반도체 장비업체로 생각해서 미리 보유하고 있던 사
람이라면 모를까 급등하는 디아이에 투자해 이익을 얻는다는 건 쉽
지 않았다.

하지만 두 번째 곡은 다르다. 이미 인기가 검증된 싸이의 신곡인
만큼 이번에는 충분히 대비할 수 있는 시간이 있었다. 가수는 늘 다
음 곡이 나오기 때문에 처음에는 투자하지 못했더라도 다음 기회가
항상 있다. 이것은 모든 엔터테인먼트 관련주에 적용되는 중요한 투

자 포인트다. 엔터테인먼트 업계 특성상 갑자기 뜨고 지는 일은 흔하다. 이것을 예측하기란 거의 불가능하다. 하지만 가수의 경우 다음 곡이 나오고 영화는 다음 작품이 개봉한다. 드라마도 다음 시즌이 나온다. 따라서 처음 상승을 놓쳤다고 포기하지 말고 차분하게 기다리면 늘 두 번째 기회는 온다.

둘째, 두 번째 기회가 왔을 때 다른 관련주들이 등장하는 경우가 많다. 어떤 가수가 처음 이목을 사로잡았을 때는 아무도 예측하지 못했기 때문에 관련주가 몇 개 없지만, 두 번째는 다르다. 이미 기대감이 형성돼 있기에 많은 회사가 협업을 원한다. 따라서 두 번째 기회는 선택의 폭이 더 넓다.

다만 세 번째, 네 번째 기회라면 서서히 약발이 떨어진다. 이미 투자자들에게 싫증 난 이벤트가 되기 때문이다. 사골 국물도 자꾸 끓이면 연해져서 맛이 떨어지듯이 아무리 좋은 소재라도 반복되면 신선도가 떨어지게 마련이다. 또한, 새로운 가수가 등장해 더 큰 인기를 끌 수도 있다. 그 새로운 가수는 방탄소년단이었다.

2018년 5월 방탄소년단의 〈Love Yourself : Tear〉 앨범이 빌보드 200에서 1위로 등극했다. 빌보드 200에서 한국 가수가 1위를 차지한 것은 이때가 처음이었다. 방탄소년단이 본격적으로 미국 무대에서 인정받고 활동하기 시작한 때가 바로 이 무렵이었다.

방탄소년단의 소속사 하이브는 당시 상장돼 있지 않았기 때문에 사람들은 하이브의 지분을 가진 상장사에 주목했다. 넷마블이 하이

출처 : 미래에셋 HTS

브 지분을 갖고 있었지만, 시총이 크고 주 사업과 관련이 없다 보니 큰 관심을 끌지 못했다. 대신 펀드 형태로 지분을 보유하던 창투사들이 주목을 받았다. 바로 엘비인베스트먼트다. 그런데 엘비인베스트먼트 역시 비상장사였기 때문에 관계사인 엘비세미콘이 주목을 받았다. 다소 억지스러운 논리이지만 그만큼 넷마블을 제외하고는 제대로 된 관계사가 없었다. 당시 엘비세미콘의 주가는 어땠을까?

빌보드 200 순위가 발표되기 전인 2018년 5월 23일 2,600원대였던 주가는 5월 30일 8,200원까지 급등했다. 일주일 만에 무려 215% 폭등했다. 이때는 상한가 폭이 15%에서 30%로 확대됐기 때문에 싸이의 〈강남스타일〉보다도 훨씬 더 빨리 올랐다. 이렇게 거침없이 질주하던 엘비세미콘의 주가에 급제동을 건 것은 무엇이었을까? 역시 주요 주주의 매도였다. 엘비를 비롯한 특별관계자 15명은 엘비세미콘 지분 575만 2,665주를 장내 매도했다고 공시했다. 싸이 할머니를

출처 : 나무 MTS

연상시키는 이 주요 주주의 매도 이후 엘비세미콘의 주가는 급락하기 시작했다. 매도한 특별관계자가 15명이나 되고, 이들의 매도 수량도 싸이 할머니 때와는 비교도 되지 않는 엄청난 양이었다.

6월 5일 나 역시 전량을 팔았어야 했는데 현충일과 붙여서 연차를 쓰고 노느라 타이밍을 놓쳤다. 6월 7일 정신을 차리고 매도하려고 했으나 차마 팔지 못하고 다음 날 매도했다. 훨씬 더 많은 수익을 낼 수 있었는데 바보같이 팔 타이밍을 놓쳤다는 사실에 너무 아쉬웠던 기억이 아직도 생생하다.

그래도 내가 수익을 낼 수 있었던 것은 싸이의 〈강남스타일〉에서 얻은 교훈 때문이었다. 그때 나는 주식 투자를 하지 않아서 기회를 잡을 수 없었다. 그러나 이번에는 달랐다. 미리 준비해놓은 것이 큰 힘이 됐다. 내가 이 책을 쓰는 이유도 경험 때문이다. 과거의 비슷한 사례를 철저히 공부하면 반드시 유용하게 써먹을 때가 온다.

흔히들 주식을 공부할 때 도대체 뭐부터 해야 할지 모르겠다고 하는데, 내 생각엔 무조건 과거 사례부터 공부해야 한다. 수능을 공부할 때 기출문제를 풀어보고, 법을 공부할 때 판례를 찾는 것처럼 말이다. 주가의 움직임은 결국 사람들의 심리가 반영되기 때문에 인간의 본성이 바뀌지 않는 한 비슷한 일이 일어났을 때 주가의 패턴도 비슷하다.

방탄소년단이 인기를 얻음에 따라 점차 많은 기업이 관심을 보였고, 엘비세미콘과 같이 억지가 아닌 제대로 된 관련주가 나타나기 시작했다. 스틱인베스트먼트는 2018년 10월 10일 하이브와 1,040억 원 규모의 투자 계약을 체결하면서 비로소 진짜 관련주로 등극했다. 그 이후 스틱인베스트먼트의 주가는 꾸준히 상승했고, 한 달 만에 약 세 배가 오르는 기염을 토했다. 이처럼 처음에는 별 상관없는 종목들이 테마주로 엮이면서 주가가 오를 수 있지만, 시간이 지나면서 진짜와 가짜는 가려진다. 이것을 '옥석 가리기'라고 한다. 상장사 중에 정말로 관련주가 없다면 어쩔 수 없지만, 진짜와 가짜가 동시에 있다면 진짜를 선택해야 위험이 덜하다.

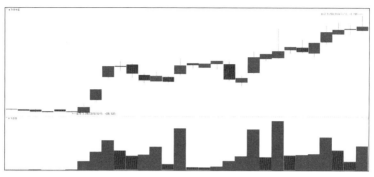

출처 : 미래에셋 HTS

지금 뜨는 콘텐츠를 주목하라

온고지신溫故知新이라는 말이 있다. 옛것을 익히고 그것을 미루어서 새것을 안다는 뜻인데, 주식 투자에 있어서 정말 중요한 사자성어라 하겠다. 그동안 역사를 배우면서 삼국 시대가 어땠고 고려 시대에 무슨 일이 있었고 조선의 왕들이 무엇을 했는지를 억지로 외우면서도 실제 생활에 도대체 무슨 쓸모가 있나 하고 불만이었던 분들은 주식의 역사를 배워보기를 추천한다. 역사적 지식이 피가 되고 살이 돼 돈을 버는 데 이토록 유용한 지식이 또 없을 것이다.

앞에서 K팝에 관해 알아보았다. 그렇다면 드라마는 어떨까? 넷플릭스 이전까지 한국 드라마는 일부 아시아 국가에서만 인기가 있었다. 대표적인 것이 중국을 뒤흔들었던 〈별에서 온 그대〉다. 2014년 당시 중국에 치맥 열풍을 불게 하며 한국 붐을 일으켰던 〈별에서 온 그대)의 인기는 대단했다. 외교 갈등에서 자세히 설명하겠지만 그 당시 중국인들이 몰려와서 화장품을 쓸어가는 바람에 화장품 관련주가 대거 급등하기도 했다. 하지만 사드 배치 이후 중국의 한한령으로 인해 화장품 관련주를 비롯해 중국 소비 관련주는 일제히 하락했다. 그 이후 넷플릭스가 등장하기 전까지 드라마로 인한 증시의 수혜는 없는 것이나 마찬가지였다.

하지만 2020년 코로나19로 전 세계가 공포에 빠지면서 절호의 기회가 찾아왔다. 사람들이 집에만 있게 되면서 넷플릭스의 가입자가 늘어났다. 이것은 한국 드라마 제작 환경에 아주 큰 변화를 몰고 왔다. 지금까지 드라마는 각 나라의 방송사에서 방영했기 때문에 해외에 드라마 판권을 수출해도 영향력이 제한적이었다. 제작사가 해외 열 개국에서 드라마를 방영하기 위해서는 열 개의 방송사와 열 개의 계약을 일일이 맺어야 했다. 하지만 이제 넷플릭스의 등장으로 그런 번거로움이 사라졌다. 넷플릭스와 계약하면 전 세계에 공개할 수 있다. 이는 엄청난 기회였다.

더군다나 넷플릭스 오리지널의 경우, 제작비의 110% 이상을 지원해주기 때문에 재정적으로도 문제가 없다. 기존의 한국 방송사에서 제작하는 드라마는 제작비의 70% 정도만 지원됐기 때문에 제작사들은 나머지를 OST나 PPL, 해외 판권 수출 등으로 메꿔야 했다. 이렇게 개선된 환경에서 한국의 드라마는 세계적인 인기를 얻을 수 있는 발판을 마련했다.

2021년 9월 쇼박스 차트(일봉)

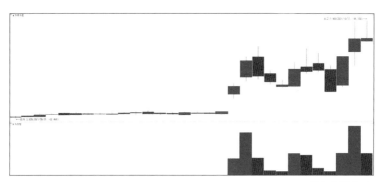

출처 : 미래에셋 HTS

그 결실이 바로 2021년 9월에 공개된 〈오징어 게임〉이다. 한국 드라마 최초로 넷플릭스 전 세계 스트리밍 1위를 기록하며 이제 한국 배우가 등장하는 한국 드라마도 미국과 유럽에서 통한다는 것을 증명했다. 특히 미국 시청자들은 영어가 세계 공용어이기 때문에 외국 영화나 드라마에 상당히 배타적인 편인데, 자막을 보는 불편을 감수하면서까지 한국 드라마를 찾았다.

그런데 〈오징어 게임〉의 제작사 싸이런픽쳐스가 상장돼 있지 않다 보니, 그 지분을 가진 것으로 알려진 쇼박스가 주목받았다. 〈오징어 게임〉 공개 이전에 4,000원 초반을 유지하던 쇼박스의 주가는 한 달도 되지 않아 8,000원 가까이 상승했다.

주연 배우 이정재의 소속사 아티스트컴퍼니의 지분을 갖고 있던 버킷스튜디오도 주목을 받았다. 버킷스튜디오는 〈오징어 게임〉이 공개된 이후 10일 만에 주가가 두 배 이상 상승했다.

113

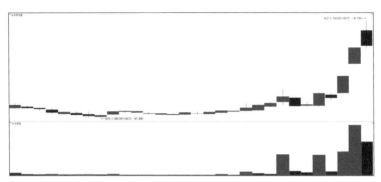

출처 : 미래에셋 HTS

〈오징어 게임〉의 성공은 직접적인 관련주뿐만 아니라 한국 드라마 제작사 전반에 긍정적인 영향을 미쳤다. 이제까지 시장에서 별 관심을 받지 못했던 중소 제작사까지도 넷플릭스 오리지널을 제작했다고 하면 큰 주목을 받게 됐다.

〈오징어 게임〉 다음으로 2021년 10월에 공개된 넷플릭스 오리지널은 〈마이 네임〉이다. 비록 넷플릭스 스트리밍 순위 1위를 차지하지는 못했지만 〈오징어 게임〉의 후광으로 4위를 달성했다. 〈오징어 게임〉 이후 한국 드라마에 관심이 커진 가운데 한국 넷플릭스 오리지널이라는 사실만으로도 이목이 집중됐다. 제작사 스튜디오산타클로스의 주가 역시 급등했다.

다음으로 넷플릭스에서 1위를 차지한 작품은 2021년 11월에 공개된 〈지옥〉이었다. 〈지옥〉의 제작사 클라이맥스 스튜디오는 비상장이고 제이콘텐트리의 자회사이기 때문에 제이콘텐트리의 주가도 상

2021년 10월 스튜디오산타클로스 차트(일봉)

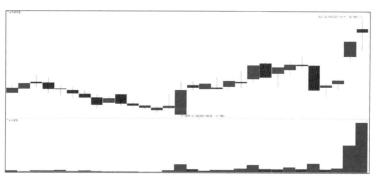

출처 : 미래에셋 HTS

승했다.

　다만 연이어 넷플릭스 오리지널이라는 소재가 등장하다 보니 관심도는 예전보다 떨어졌다. 제이콘텐트리의 시가총액이 크기도 했지만, 제이콘텐트리의 주가는 드라마 공개 전 한 달 동안 약 30% 상승하는 데 그치고 말았다. 또 공개 직후 1위를 차지하자마자 주가가 급락하는 현상이 발생했다. 〈오징어 게임〉의 성공은 워낙 예상치 못한 일이었기 때문에 공개 이전까지 조용하던 주가가 갑자기 올랐지만, 이제는 기대감으로 주가가 상승한 상태에서 콘텐츠가 공개되면서 기다렸다는 듯이 시장에 주식 매물이 쏟아졌다. 같은 소재라 해도 횟수가 반복될수록 강도는 약해지고 기대하던 이벤트 발생 직후 주가가 내려가는 모습을 보인다.

　그 뒤 넷플릭스 스트리밍 순위 1위를 차지한 〈지금 우리 학교는〉역시 크게 다르지 않았다. 2022년 1월에 공개된 〈지금 우리 학교는〉

2021년 10~11월 제이콘텐트리 차트(일봉)

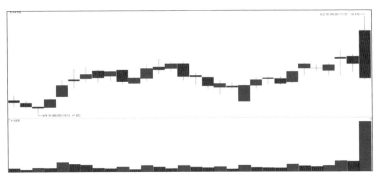

2022년 1월 제이콘텐트리 차트(일봉)

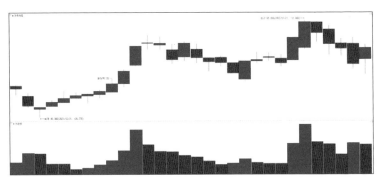

의 제작사 필름몬스터 역시 제이콘텐트리의 자회사인데, 주가 자체도 2021년 11월에 공개된 〈지옥〉보다 낮았고, 상승폭 또한 크지 않았다.

이제는 방탄소년단이 빌보드 핫 100에서 1위를 하는 것이 당연 해졌다. 따라서 방탄소년단의 신곡이 나온다고 해서 소속사 하이브 의 주가가 심하게 들썩거리지 않는다. 마찬가지로 한국에서 제작한 넷플릭스 오리지널이 세계 스트리밍 1위를 하는 것도 더는 새로운 이벤트가 아니기에 주가의 움직임은 크지 않다. 하지만 다음 히트작이 나왔을 때 대응 방안을 잘 들여다볼 수 있다는 점에서 우리가 늘 잊지 말고 새겨야 할 사례다.

 복습 노트

엔터테인먼트 산업의 경우, 가수는 다음 곡을 발표하고 영화는 속편이 나오며 드라마는 다음 시즌이 나오기 때문에 언제나 두 번째 기회가 주어진다.

처음 어떤 노래나 작품이 대박 날 때는 제대로 된 관련주가 없을지라도 두 번째에는 실제로 협업하는 기업들이 속속 등장한다. 따라서 잘 준비하면 두 번째 기회를 노려서 새로운 종목으로 돈을 벌 수 있다. 하지만 같은 소재가 반복되면 주가의 상승 탄력이 둔화하니 주의해야 한다.

스마트폰

대박은 남들이 안 된다고 할 때!

2007년 1월 9일, 미국 샌프란시스코에서 열린 맥월드에서 스티브 잡스는 놀라운 발표를 했다. 바로 아이폰을 세상에 처음 발표한 것이다. 그는 차분하게 애플의 역사를 훑은 뒤 터치스크린을 가진 아이팟, 휴대전화, 인터넷을 할 수 있는 제품 각각이 아이폰 하나에 담겼다고 밝히면서 청중들의 열띤 호응을 이끌었다. 스티브 잡스의 발표는 아직도 역사상 가장 뛰어난 발표로 칭송받고 있으며, 유튜브에 올라간 이 동영상은 많은 사람에게 본보기가 됐다. 나도 어딘가에 가서 발표할 일이 있으면 늘 이 영상을 다시 보곤 한다. 이제는 대사를 다 외워버릴 정도로 많이 봤지만 볼 때마다 마음을 다잡는 계기가 되면서 세상을 떠나버린 스티브 잡스가 그리워지기도 한다.

그렇다면 아이폰 발표 당시 한국의 반응은 어땠을까? IT 전문 커뮤니티 클리앙에 올라온 글을 보면 분위기를 짐작할 수 있다. 1월 11일 어떤 회원이 이찬진 씨의 블로그에서 가져온 글을 올렸는데, 아이폰으로 인해서 얼마나 세상이 바뀔지에 관한 내용이었다. 지금 읽어봐도 놀랄 정도로 정확하게 미래를 예측했다. 그 글의 댓글들을 보면 하나같이 부정적이다. 아이폰이 성공할 리가 없다는 내용이었다.

IT 업계에 종사하거나 IT에 관심 많은 대다수가 아이폰의 가능성을 평가절하했고 한국에 도입되지 않을 거로 생각했다. 이것을 보고 지금 와서 비웃을 수도 있겠지만, 나는 이것이 평범한 인간들이 미래를 예측하는 일이 얼마나 부질없는 것인가를 잘 보여주는 사례라고 생각한다.

어느 시대에나 이찬진 씨와 같은 탁월한 혜안을 가진 선구자들이 있다. 하지만 그들은 늘 주변 사람들로부터 인정받지 못하다가 나중에 그 예측이 맞으면 그제야 주목받는다. 그래서 나는 누군가가 장기 투자를 하겠다고 이야기하면 이때 클리앙 커뮤니티의 글을 보여주면서 이찬진 씨 정도가 아니라면 장기 투자를 하지 말라고 한다. 스티브 잡스의 아이폰 발표를 듣고도 그게 얼마나 큰 변화를 불러일으킬지 모르는 사람이 대부분인데, 그런 사람들이 장기 투자를 한다고 하면 결과가 어떻겠는가? 보나 마나 처참할 것이 뻔하다. 많은 사람이 주식으로 돈을 벌지 못하는 이유는 클리앙 커뮤니티의 글과 댓

글로 다 설명된다. 반면 이찬진 씨와 같은 선견지명을 가진 사람들은 장기 투자로 엄청난 돈을 벌 수 있다.

그런데 이 같은 현상은 다른 분야에서도 자주 일어난다. 내가 가장 기억에 남는 것은 '쌀집 아저씨'라는 별명으로 유명한 김영희 전 MBC PD의 강연이다. 현대차에서 근무하던 시절, 유명 인사들을 섭외해 강연이 열리곤 했다. 가끔 일하기 싫을 때 잠이나 자볼까 하고 갔는데, 이날따라 강연이 재미있어서 끝까지 듣게 됐다. 김영희 PD는 MBC에서 〈일밤〉을 맡아 칭찬합시다, 양심냉장고, 몰래카메라와 같은 코너를 성공시켰고 〈나는 가수다〉 역시 화제를 일으키며 예능계 미다스의 손으로 불리던 사람이다. 김영희 PD는 그 프로그램들을 만들기까지의 비화나 에피소드를 이야기했는데, 그중에서 굉장히 인상 깊은 내용이 있어 소개하고자 한다.

바로 '주변에서 안 된다고 했던 것들이 특히 잘 되더라'이다. 새벽에 아무도 없는 도로에서 정지 신호를 지키는 차를 찾아서 운전자에게 냉장고를 선물로 주겠다는 아이디어를 모두가 반대했지만, 결과적으로 양심냉장고 코너는 대박이 났다. 훌륭한 가수들을 불러 매주 경연을 하고 그곳에서 최저점을 받은 가수를 떨어뜨리겠다는 아이디어 역시 모두가 반대했지만, 결과적으로 대박이 났다.

선견지명을 가진 사람은 전체 인구 중에 극히 일부이고, 나머지 평범한 사람들은 미래를 예측할 수 있는 능력이 전혀 없다. 그러니까 남들이 안 된다고 하는 것 중에서 오히려 대박이 날 확률이 훨씬

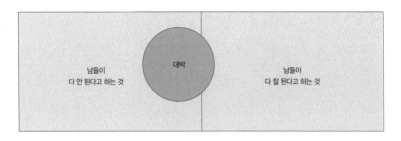

높다. 물론 남들이 안 된다고 하는 것 중에서 정말로 안 되는 것도 많다. 이를 시각적으로 표현하면 위의 그림과 같다.

방탄소년단도 마찬가지다. 맨 처음 방탄소년단이 데뷔했을 때 사람들의 반응은 조롱뿐이었다. "이름이 그게 뭐냐" "멤버 이름도 방탄 조끼, 방탄 헬멧 이런 식으로 짓지 그랬냐" 등등 차마 입에 담기 힘든 모욕과 비아냥밖에 없었다. 싸이는 어떤가? 댄스 가수가 한창 활동해야 할 나이에 군대를 두 번 갔다. 싸이가 두 번째 입대했을 때 이 가수가 제대 후 전 세계를 사로잡을 것이라는 걸 누가 예상이나 했을까?

이처럼 대박은 대부분이 안 된다고 하는 것에서 나온다. 혹시 나는 이게 옳은 것 같은데 남들이 안 된다고 말해서 생각을 접었다가 나중에 내가 옳은 것으로 밝혀진 경험이 많다면, 자신이 특별한 사람일지도 모른다는 생각을 해야 한다.

스마트폰이 바꾼 세상

아이폰이 세상에 발표된 것은 2007년이었지만 한국에 본격적으로 판매된 것은 2009년 12월이었다. 정확히는 아이폰 3GS 모델부터 한국에서 판매되기 시작했는데, 정말 많은 우여곡절이 있었다.

나도 하루빨리 아이폰이 나오기를 간절히 기다렸는데 이런저런 이유로 자꾸만 출시일이 늦어져서 '담달폰'이라는 별명까지 붙었다. 아이폰이 해외에서 얼마나 돌풍을 일으키는지 알던 소비자들은 출시일만 기다렸다. 이렇듯 사람들의 기대감이 점점 높아지자 삼성전자에 비상이 걸렸다. 그동안 삼성 애니콜이 국내 시장에서 압도적 점유율을 자랑했는데, 아이폰의 등장으로 많은 고객을 뺏길 것이 불 보듯 뻔한 상황이었기 때문이다.

삼성전자는 총력을 다해 옴니아2라는 스마트폰을 내세워 점유율을 방어하고자 했다. 참고로 옴니아2는 윈도 모바일 운영체제를 탑재한 스마트폰으로, 쓸 만한 앱이 없어서 역사상 최악의 스마트폰으로 평가받았다. 삼성전자의 홍보 자료에는 순전히 하드웨어적인 우위만을 강조했다. 외장 메모리가 지원되는지, 카메라 플래시가 되는지, DMB가 되는지 등 스마트폰에서 그다지 중요하지 않은 부가 기능만을 내세웠다. 스마트폰의 핵심은 쓸 만한 앱이 얼마나 많이 있느냐다. 당시 윈도 모바일의 앱 스토어는 텅텅 비어 있다시피 했다. 옴니아2는 하드웨어적인 면에서는 아이폰보다 앞섰을지 몰라도 앱

생태계가 발달하지 않은 무용지물에 불과했다.

그렇다면 삼성전자의 이러한 전략은 먹혔을까? 옴니아2는 놀랍게도 출시 3개월 만에 누적 판매량 60만 대를 돌파하는 기염을 토했다. 특히 2009년 12월 한 달에만 22만 대를 판매하면서 최단기간 최다 판매 기록을 갖고 있던 연아의 햅틱(한 달에 25만 대 판매)을 위협했다. 말 그대로 '대박'을 친 것이다. 참고로 아이폰의 판매량은 50만 대가 되지 않았다. 삼성전자가 옴니아2의 장점을 조목조목 나열했던 것이 주효했음을 알 수 있다.

그렇다면 스마트폰을 구매한 사용자들의 만족도는 어땠을까? 한마디로 처참했다. 한 휴대전화 커뮤니티에서 시행한 조사 결과를 보면 아이폰은 종합 만족도, 타인 추천 의향, 재구매 의향 모두 85%의 만족률을 보이며 경쟁사들의 스마트폰을 압도했다. 반면 옴니아2는 종합 만족도 44.4%, 타인 추천 의향 51.2%, 재구매 의향 28.4%로 만족도 꼴찌를 기록했다. 재구매 의향보다 타인 추천 의향이 훨씬 더 높은 수치를 기록했는데, 이는 '나만 당할 수 없지!'라는 생각이 강했던 것으로 보인다. 아이폰은 품질, 디자인, 무선 인터넷, 애플리케이션 등 스마트폰의 핵심 요소에서 옴니아2를 크게 앞서며 구매자들을 매우 만족시켰다.

한마디로 옴니아2를 산 사람들은 속았다는 느낌을 받은 것이다. 스마트폰을 잘 몰랐던 사람들은 기존에 쓰던 피처폰처럼 하드웨어에 초점을 맞춰서 샀는데, 사고 나서 보니 아이폰과 너무나 큰 차이가 난 셈이다. 옴니아2를 샀던 사람들은 삼성전자에 분노했지만, 나는 삼성전자의 마케팅이 정말 대단하다고 생각했다. 누가 봐도 도저히 상품성이 비교가 안 되는 상황에서 어떻게 해서든 아이폰보다 더 나은 점을 끄집어 광고했고, 그것이 판매로 이어지면서 아이폰보다 많이 팔리기까지 했으니 말이다. 나 같았으면 두 개의 스마트폰을 모두 써본 뒤 옴니아2에는 미래가 없으니 포기하겠다고 했을 텐데 삼성전자의 집념에 정말 감명받았다.

더 놀라운 것은 그 뒤 삼성전자의 환골탈태다. 당시 나왔던 기사들을 보면 하나같이 삼성전자의 스마트폰 사업에 의문점을 표하며 "모든 것을 백지에 놓고 다시 설계하고 실행하지 않는다면 스마트폰 시장의 주도권을 잃게 될 것"이라는 경고까지 했다. 삼성전자는 정말 모든 것을 백지에 놓고 안드로이드 운영체제를 탑재한 갤럭시 시리즈를 빠르게 개발했다. 저게 말이 쉽지 실제 실행하는 것은 정말 어려운 일이다. 전작의 실패를 교훈 삼아 모든 것을 내려놓고 처음부터 다시 시작하는 마음으로 만든 갤럭시S는 출시 7개월 만에 1,000만 대가 팔리며 스마트폰 시장에서의 지위를 확고하게 다졌다. 반면 노키아, 모토로라, LG전자 등 기존 피처폰 시장에서 강자로 군림하던 업체들은 스마트폰이라는 새로운 물결 앞에 힘없이 무너졌다.

애플은 스타일러스 펜과 물리적 키보드가 필수로 여겨지던 스마트폰 시장에 풀 사이즈 터치스크린을 적용하고 앱 스토어에 수많은 앱이 올라오도록 개발자 생태계를 조성하면서 스마트폰의 개념 자체를 바꿨다. 이 때문에 블랙베리 같은 기존의 스마트폰 업체들은 무너졌다. 손가락만큼 직관적이고 쓰기 편한 입력 도구는 없는데 왜 굳이 가지고 다니기 귀찮고 분실의 위험까지 있는 스타일러스 펜을 쓰냐는 단순한 믿음은 역사를 바꿨다. 그에 맞선 삼성전자는 비록 옴니아2로 뼈아픈 실패를 경험했지만, 곧바로 운영체제를 윈도 모바일에서 안드로이드로 바꾸고 갤럭시S를 출시하면서 기존 피처폰 시장에서 다졌던 점유율을 스마트폰 시장으로 옮기는 데 성공했다. 그들의 노력 덕분에 우리는 지금 스마트폰으로 너무나 많은 것들을 누리며 살고 있다. 우리의 일상 속에 파고들어 삶을 변화시킨 스마트폰은 과연 증시에 어떤 영향을 미쳤을까?

스마트폰이 주식 시장에 미친 영향

"뭐? 스마트폰으로 게임을 할 수 있다고?"

그 당시 한국 증시에서는 스마트폰으로 새롭게 할 수 있는 것이 무엇인지에 주목했다. 무엇보다도 원하는 게임을 언제든지 즐길 수 있다는 것이 큰 충격으로 다가왔다. 그전까지 휴대전화 제조사에서 넣어주는 게임 정도나 할 수 있었고 그나마도 작은 화면에 숫자 키패드를 꾹꾹 눌러가며 하는 재미없는 게임뿐이었다. 그런데 스마트폰이 출시되면서 큰 화면은 물론, 손가락을 이용해 자유자재로 게임을 즐길 수 있다는 것은 너무나 큰 변화였다. 그래서 주목받았던 회사가 컴투스였다. 컴투스는 피처폰 시절부터 모바일 게임을 전문으로 만들던 회사였다. 기존에 모바일 게임을 만들던 곳이니 스마트폰 게임도 잘 만들 거라는 전망 속에 주가가 상승했다.

아이폰이 한국에 출시되기 전 1만 원이 안 되던 컴투스 주가는 아이폰이 출시 초기부터 날개 돋친 듯이 팔린다는 소식에 1만 5,000원을 돌파하며 50% 이상 상승했다.

"뭐? 스마트폰으로 음악을 들을 수 있다고?"

기존 휴대전화에서 음악을 들으려면 비싼 돈을 내고 음원을 내려받아야 했다. 반면 PC에는 소리바다와 같이 싸게 음원 파일을 내려받을 수 있는 통로가 많아서 대부분 MP3 플레이어를 따로 사용했다. 스마트폰은 달랐다. 멜론이나 벅스 같은 앱을 깔고 정기 결제하면 원하는 음악을 들을 수 있다. 이는 음악 산업에도 큰 충격이었다.

아이폰 출시 전 8,000원대였던 NHN벅스의 주가는 1월 5일 1만 6,500원으로 두 배 가까이 올랐다.

"뭐? 스마트폰으로 책을 읽는다고?"

스마트폰이 나오기 전에는 전자책을 읽으려면 노트북을 갖고 다니거나 킨들 같은 전자책 뷰어를 따로 사야 했다. 생각만 해도 무겁고 번거로운 일이었기 때문에 차라리 종이책을 읽는 편이 나았다. 하지만 스마트폰에서는 전자책을 바로 읽을 수 있어서 전자책의 판매량이 늘 것이라는 전망이 나왔다. 이에 따라 전자책 판매 업체인 예스24가 주목을 받았다.

2009년 12월~2010년 1월 컴투스 차트(일봉)

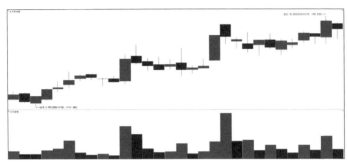

2009년 12월~2010년 1월 NHN벅스 차트(일봉)

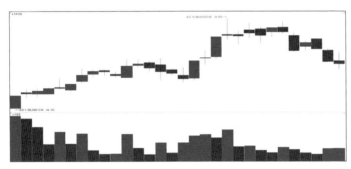

2009년 12월~2010년 1월 예스24 차트(일봉)

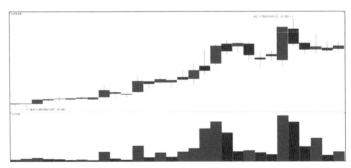

2009년 12월 초 6,000원 정도의 시세를 형성하던 예스24는 2010년 1월 13일 9,700원을 돌파하며 꾸준히 상승했다.

"뭐? 스마트폰으로 결제를 한다고?"

어떻게 보면 스마트폰으로 인해 가장 달라진 점은 전자 결제다. 기존에는 휴대전화로 인터넷 접근이 불가능했기 때문에 모바일 결제를 할 수 없었다. 게임은 닌텐도 같은 휴대용 게임기로 했고 음악은 MP3 플레이어로 들었으며 전자책은 킨들로 읽었지만, 결제할 수 있는 기계는 전혀 없었다.

하지만 스마트폰의 탄생으로 전자 결제가 가능해지면서 이제 어디서나 원하는 물건을 사고 서비스를 이용할 수 있다. 이런 변화에 따라 전자 결제 업체 다날이 큰 주목을 받았다. 아이폰 출시 이전에 6,000원 정도였던 다날은 2010년 1월 5일 1만 원을 돌파했다.

"뭐? 스마트폰이 바이러스에 걸린다고?"

스마트폰이 나오기 전까지 바이러스는 컴퓨터에만 해당하는 이야기였다. 인터넷을 사용하는 기기는 PC나 노트북밖에 없었다. 하지만 이제 스마트폰으로 인터넷을 사용하기 때문에 바이러스의 위험에 항상 노출된다. 이에 따라 인터넷 보안 업체들이 주목받기 시작했다. V3 백신으로 유명했던 안랩이 선봉에 섰다.

2009년 12월 초에 1만 9,000원 정도였던 안랩의 주가는 2010년 1월 12일에 3만 원을 돌파했다. 이처럼 스마트폰으로 다양한 분야의 기업들이 한꺼번에 영향을 받았다.

2009년 12월~2010년 1월 다날 차트(일봉)

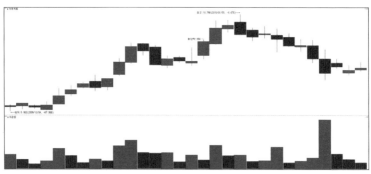

2009년 12월~2010년 1월 안랩 차트(일봉)

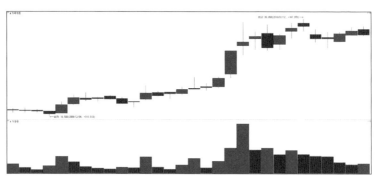

　기술의 진보는 주식 시장에 큰 파장을 일으켰다. 우리의 일상생활과 밀접할수록 영향을 미치는 범위는 더욱 넓어진다. 그런데 여기서 굉장히 재미있는 현상이 일어난다. 테마주라는 것이 전면에 등장하기 시작한 것이다. 물론 테마주는 이전에도 있었다. 하지만 이제 증권사가 앞장서서 테마주를 발굴하고 소개하기 시작했다. 당시 기사의 제목을 살펴보자.

증권사, 코스닥 테마주 발굴에 팔 걷었다 – 2009.12.8.《이데일리》

리서치센터 '테마주 찾기' 분주 – 2010.1.8.《아시아경제》

코스닥 테마주에 신난 증권사⋯ – 2010.1.21.《머니투데이》

증권사는 '테마 공장장'? – 2010.1.26.《파이낸셜뉴스》

지금까지 테마주는 나쁜 것이고 일부 불순한 세력에 의해서 만들어진다고 믿었던 많은 사람에게 충격일 듯하다. 기사 내용은 다 비슷하다. 요약하자면 아이폰 테마주를 비롯해 시장에서 뜨거운 테마주란 테마주는 죄다 증권사가 앞장서서 발굴하고 소개했다는 것이다. 영화 〈아바타〉의 인기로 3D 영화 테마주도 큰 주목을 받았는데, 이것역시 증권사에서 주도했다는 내용이다. 그렇다면 그동안 테마주를 외면하던 증권사들이 왜 갑자기 이렇게 적극적으로 돌변한 것일까?

그 배경에는 리먼 브라더스 사태가 있다. 2008년 리먼 브라더스의 파산으로 증시가 급락하면서 개인 투자자들의 투자 열기는 빠르게 식었다. 그때까지만 해도 재테크의 필수 가입 상품으로 여겨지던 주식형 펀드에서 돈이 계속 빠져나갔다. 다급해진 기관들은 고객들의 돈을 빠져나가지 않게 하려고 단기 수익률에 집착했다. 그러다 보니 제일 좋은 것이 테마주였다. 단기 매매 위주의 거래는 거래 수수료 수입의 증가로 이어졌다. 음지에 있던 테마주를 양지로 끌어올려서 제도권에 편입시킨 것은 다름 아닌 증권사였다. 증권사 리서치센터의 적극적인 테마주 소개에 따라 단기 급등의 달콤함을 맛본 개인 투자자들은 이제 더는 테마주를 알기 전으로 돌아갈 수 없었다. 테마주가 제도권으로 편입되면서 본격적으로 테마주 매매를 연구하는 사람들이 늘어났다. 이는 하나의 투자 문화로 자리 잡았다.

그렇다면 해외의 증권사들은 어떨까? 해외의 유수 증권사들도 'Thematic Investing'이라는 것을 하지만 한국과는 개념이 다르다. 그들이 말하는 Thematic Investing은 특정 기업에 집중하는 것이 아니라 장기 트렌드를 예측하고 그것에 맞게 투자하는 것을 뜻한다. 참고로 증권사는 국가의 투자 문화를 선도하기 때문에 증권사의 수준을 보면 그 국가의 시장 수준을 알 수 있다.

 복습 노트

기술의 발전으로 전에 없었던 새로운 제품이 나올 경우, 그 제품으로 할 수 있는 것들의 관련주가 주목을 받는다. 우리의 일상을 바꾸는 새로운 제품과 관련한 기업의 주가는 크게 상승한다.

금융 위기

위기가 기회가 되려면

1997년 11월, 그 이름도 유명한 IMF 사태가 터졌다. 지금은 시간이 많이 흘러서 IMF 사태라고 하면 '그때 나라 경제가 어려웠다'라고만 알지만, 그 당시의 충격은 실로 엄청났다. 많은 금융 위기를 겪었던 선진국과 달리 한국은 그때까지 금융 위기라는 것을 겪어본 적이 없었다. 그만큼 한국 경제는 한강의 기적 이후 탄탄대로를 달리고 있었고, 언제나 성장하는 줄로만 알았다.

1995년 한국의 경제성장률은 9.6%였고, 1996년에는 7.9%를 기록했다. 초고속 성장을 거듭하던 한국 경제에 급제동이 걸렸기 때문에 충격은 더욱 심했다. 고속으로 달리던 열차가 급정거할 때 차체

1995~2011년 원·달러 환율 변화

달러당 원

1,900
1,700
1,500
1,300
1,100
900
700

IMF 구제금융 신청 ▶   ◀ 닷컴버블 붕괴   ◀ 리먼 브라더스 파산

글로벌 달러화 약세

1995   1997   1999   2001   2003   2005   2007   2009   2011   년

출처 : 한국은행

가 궤도를 이탈하듯이 한국 경제의 첫 시련은 그렇게 거칠게 다가왔
다. 금융 위기의 근본 원인은 보유 외환보다 외채가 너무 많아서였
다. 채무를 상환하기 위한 달러가 부족해지면서 결국 IMF로부터 달
러를 빌려야 하는 지경에 이르렀다. 시중에 달러가 부족하다는 사실
이 알려지면서 원·달러 환율은 순식간에 2,000원을 돌파했다. 한국
은 그 이후로도 수차례 금융 위기를 겪었지만 원·달러 환율이 그렇
게 올라간 적은 없다.

이 당시 중학생이었던 나는 미국으로 조기유학을 준비하고 있었
다. 명문 사립 고등학교인 필립스아카데미를 목표로 준비하고 있었
기 때문에 원래도 학비가 비싼 편이었는데, 환율이 두 배 이상 오르
면서 학비 부담이 너무 커졌다. 그래서 나는 미국 유학을 포기하고

1980~2005년 코스피지수

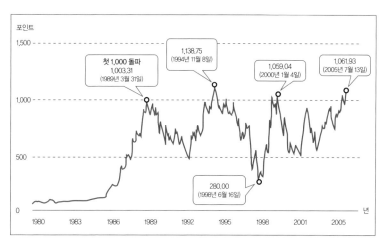

포인트

첫 1,000 돌파
1,003.31
(1989년 3월 31일)

1,138.75
(1994년 11월 8일)

1,059.04
(2000년 1월 4일)

1,061.93
(2005년 7월 13일)

280.00
(1998년 6월 16일)

1,500

1,000

500

0

1980 1983 1986 1989 1992 1995 1998 2001 2005 년

출처 : 한국거래소

과학경시대회에서 수상하며 서울과학고등학교에 진학했다.

IMF는 단순히 돈만 빌려주는 곳이 아니라 고강도의 구조조정을 전제로 구제금융을 지원하는 곳이었기에 많은 기업이 도산했다. 이에 따라 실업자들도 넘쳐났고 증시는 당연히 폭락을 거듭했다. 전국이 아수라장이었다.

1994년 1,138.75를 기록했던 코스피지수는 1998년 6월 16일 280.00까지 수직 낙하했다. 이 기간에 부도를 맞은 기업은 셀 수 없을 정도였다. 대기업만 살펴봐도 기아그룹, 한보그룹, 한라그룹, 삼미그룹 등이 부도가 났고 끝내 대우그룹마저 부도났다. 주식 시장에 투자했던 사람들도 큰 손실을 맛보았다. 지금 50~60대 사람들이 "주식에 투자하면 패가망신한다"라고 자녀들에게 가르치는 이유다.

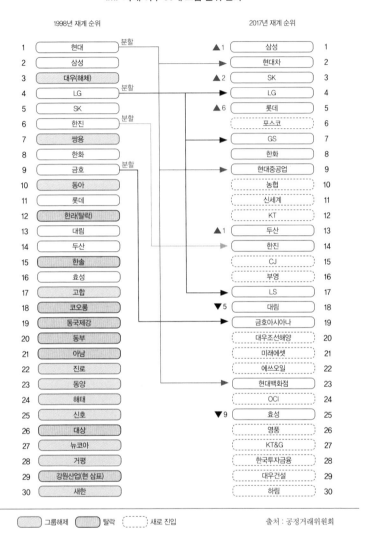

IMF 사태 이후 30대 그룹 순위 변화

1998년 재계 순위		2017년 재계 순위	
1	현대	▲1 삼성	1
2	삼성	현대차	2
3	대우(해체)	▲2 SK	3
4	LG	LG	4
5	SK	▲6 롯데	5
6	한진	포스코	6
7	쌍용	GS	7
8	한화	한화	8
9	금호	현대중공업	9
10	동아	농협	10
11	롯데	신세계	11
12	한라(탈락)	KT	12
13	대림	▲1 두산	13
14	두산	한진	14
15	한솔	CJ	15
16	효성	부영	16
17	고합	LS	17
18	코오롱	▼5 대림	18
19	동국제강	금호아시아나	19
20	동부	대우조선해양	20
21	아남	미래에셋	21
22	진로	에쓰오일	22
23	동양	현대백화점	23
24	해태	OCI	24
25	신호	▼9 효성	25
26	대상	영풍	26
27	뉴코아	KT&G	27
28	거평	한국투자금융	28
29	강원산업(현 삼표)	대우건설	29
30	새한	하림	30

그룹해제 탈락 새로 진입

출처 : 공정거래위원회

코스피지수는 2000년 1월 4일 1,000선을 회복하면서 어느 정도 위기에서 벗어났지만, 시가총액 상위 그룹은 격변했다.

앞에서도 여러 번 강조했지만, 지수가 오르는 것과 개별 종목이 오르는 것은 전혀 다른 이야기다. 지수만 보고 그 안에 포함된 모든 종목의 주가가 함께 오른다고 생각하면 큰 오산이다. IMF 사태 이후 30대 그룹 순위 변화를 나타낸 그림에서 알 수 있듯이 재계 순위 상위권에 있던 대우, 쌍용, 동아 그룹은 흔적도 없이 사라졌다. 대신 포스코, 신세계, KT, CJ 등이 새롭게 등장했다. 따라서 내리막길을 걷는 기업에 투자한 사람은 지수가 아무리 올라도 손실을 보고 성장하는 기업에 투자한 사람은 큰돈을 벌게 되는 것이다. 시가총액 순위 변화는 지금도 계속 일어난다. IMF 사태가 우리에게 준 교훈은 아주 명확하다. 그것은 '주식에 투자하면 패가망신한다'가 아니라 '내리막길을 걷는 주식에 투자하면 패가망신한다'이다.

그런데 그것을 모르는 사람이 있을까? 내리막길을 걷는 기업에 투자하면 망한다는 사실은 누구나 알고 있다. 그런데도 왜 사람들은 주식 투자로 돈을 잃을까? 답은 간단하다. 어떤 회사가 내리막길을 걷게 될지 모르기 때문이다. 반대로 떠오르는 기업에 투자하면 돈을 번다는 사실은 누구나 안다. 하지만 많은 사람이 주식 투자로 돈을 벌지 못하는 이유는 어떤 기업이 떠오를지 몰라서다. 즉, 장기 투자는 IMF 사태 정도는 예측하고 신세계, KT, CJ 등이 새롭게 떠오르리라는 것을 미리 내다보는 수준 정도가 돼야 비로소 할 수 있다.

시간이 흘러 2008년 9월이 되자 또 다른 금융 위기가 찾아왔다. 미국의 대형 투자은행인 리먼 브라더스가 파산한 것이다. 표면적으로는 그냥 회사 하나가 파산한 것이지만 그 이면에는 서브프라임 모기지라는 무서운 복병이 도사리고 있었다. 당시 미국에서는 집값이 계속 올랐기 때문에 금융 기관에서 주택을 사기 위해 돈을 빌려주는 것을 마다하지 않았다. 빌린 돈으로 집을 사면 그 사람이 나중에 갚을 돈이 없다 해도 집을 팔면 빚을 충분히 갚고도 남을 돈이 마련되기 때문이다. 그래서 저신용자나 별다른 직업이 없는 사람들에게까지 주택담보대출을 승인했는데, 이것이 바로 서브프라임 모기지다. 미국 집값의 거품이 빠지기 시작하며 서브프라임 등급의 채무자들은 빚을 갚을 수 없는 지경에 이르렀고, 이들의 주택담보대출을 모아서 만든 부채담보부증권CDO의 수익률이 급락하며 부실자산으로 변모했다. 그래서 리먼 브라더스와 같이 CDO를 많이 갖고 있던 금융 회사들이 직격탄을 맞았다. 이 과정은 영화 〈빅쇼트〉에 잘 나와 있으니 더 궁금한 사람은 영화를 봐도 좋겠다. 리먼 브라더스에서 시작된 금융 회사의 파산이 도미노처럼 다른 회사로 퍼질 수 있다는 우려 때문에 다우지수도 급락했다.

다우지수는 2003년 이래로 2007년까지 꾸준히 상승했다. 아프가니스탄과 이라크 전쟁으로 인한 경기 침체를 막고자 미국에서 저금리 정책을 펼쳤기 때문이다. 2002년 10월 9일 7,286이었던 다우지수는 2007년 10월 9일 1만 4,164를 기록하며 집값과 마찬가지로 거침없이 상승했다. 그러나 서브프라임 모기지 사태로 하락을 거듭하면서 2009년 3월 9일 6,507포인트까지 떨어진다. 5년 동안 쌓아온 상승폭을 1년 5개월 만에 모두 반납하고도 모자라 더 떨어진 것이다. 이에 미국은 강력한 경기부양책을 실시하며 위기를 돌파하려고 애썼다.

여기서 굉장히 아이러니한 점이 발생한다. 경기가 좋고 기업들이 성장하면 사람들은 정부의 개입을 굉장히 안 좋게 본다. 시장은 시장 원리에 따라 잘 움직이기 때문에 정부가 규제하면 안 된다는 것이다. 그런데 이렇게 경제 위기가 닥치고 시장이 제 기능을 상실하면 정부는 뭐 하고 있냐고 다그친다. 이때 사람들은 정부가 나서서 얼른 곤경에 처한 이들을 구제해야 한다고 주장한다. 마치 자기들이 잘나갈 때는 귀찮아하다가 곤경에 처하면 부모를 찾는 사춘기 청소년과 같다.

이처럼 금융 위기가 닥쳤을 때 정부가 앞장서야 한다는 주장이 1929년 대공황을 겪으면서부터 나오기 시작했다. 광란의 20년대를 보내며 초호황기를 보내던 미국은 1929년 대공황으로 한국의 IMF 사태와 같은 큰 충격을 받았다. 거리에는 실업자들이 넘쳐났고 그동안 오르기만 하던 주가지수도 폭락했다. 미국은 처음으로 위기다운 위기를 겪다 보니 해결법이 준비되지 않았고 우왕좌왕했다. 이를 해결하기 위해 나선 사람이 1933년 대통령으로 취임한 루스벨트였다. 그는 토목 공사나 인프라 건설 사업을 벌이는 뉴딜 정책을 펼쳤다. 이로 인해 실업률이 떨어지면서 미국 경제는 점차 안정을 찾기 시작하다가 제2차 세계 대전 때 군수 물자의 수요 증가로 완전히 회복했다.

2008년 5월~9월 코스피 차트(주봉)

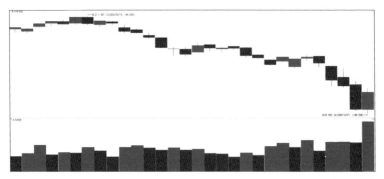

출처 : 미래에셋 HTS

그 이후 미국은 세계 최강국의 반열에 올라섰다. 이때의 경험으로 사람들은 금융 위기가 오면 정부가 적극적으로 나서서 해결해야 한다는 인식이 생긴다. 이왕이면 대공황 때처럼 3년 동안 헤매다가 경기부양책을 쓰지 말고 할 거면 빨리 손을 써야 한다는 입장이다.

이처럼 미국이 심각한 경제 위기에 빠지자 전 세계가 공포에 떨었다. 미국은 세계 최강의 소비 왕국이기 때문에 미국이 침체에 빠지면 미국에 수출을 많이 하는 국가들도 따라서 치명상을 입는다. 한국도 마찬가지였다. 수출의 비중이 높은 한국은 이러한 위험에 그대로 노출되면서 내 잘못 하나 없이도 망할 수 있다는 것을 보여줬다. IMF 사태는 한국 정부가 외환을 잘 관리하지 못해서 일어난 것이지만 서브프라임 모기지 사태는 순전히 미국 금융 회사들이 잘못한 것인데, 그 피해를 고스란히 한국이 받아야만 했다. 코스피지수는 폭락했다. 서브프라임 모기지 사태 이전에 1,900선을 넘나들며 곧 2,000을 돌

140

파할 것이라는 희망을 안겨줬던 코스피는 2008년 10월 892.16까지 떨어지며 반 토막이 나고 말았다.

어떤 주식을 사야 할까?

지수가 이 모양이니 개별 종목들의 상황은 더 처참했다. 이를 계기로 시가총액 상위 종목들의 순위 급변동이 있었음은 물론이다. 그 뒤 지수가 반등했다고 해서 떨어졌던 모든 종목의 주가가 회복했다고 생각하면 큰 오산이다. 물론 일부 종목들은 주가를 회복했지만 그렇지 못한 기업들도 많았다. 대표적인 예가 HMM이다.

다음 페이지의 차트를 보자. 당시 현대상선이었던 HMM은 2007년 매출 5조 원, 영업이익 3,142억 원을 기록하며 주가는 35만 원을 넘어섰다. 2021년 HMM은 매출 13조 원, 영업이익 7조 원을 돌파하며 사상 최고의 실적을 기록했다. 하지만 2021년 말 HMM의 주가는 3만 원도 되지 않았다. 영업이익이 14년 만에 스무 배가 넘게 올랐는데 주가는 십분의 일 토막이 났다.

2007년 10월, 76만 원이 되며 기세등등했던 POSCO는 어떠한가? 참고로 2021년 종가는 27만 원대다. 2007년 POSCO는 워런 버핏도 투자할 만큼 잘나가던 기업이었다. 버크셔해서웨이는 POSCO 지분 340만 주를 사들이며 지분 4%를 확보할 만큼 POSCO에 진심이었다.

그렇다면 POSCO의 실적은 2007년보다 안 좋아졌을까? POSCO

2007~2021년 HMM 차트(월봉)

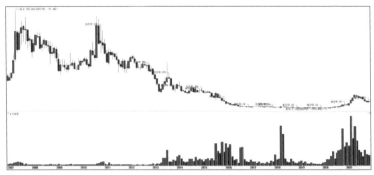

2007~2021년 POSCO 차트(월봉)

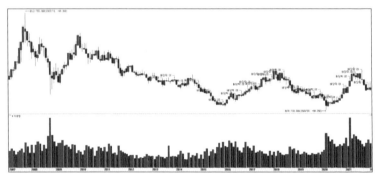

의 2007년 매출액은 22조 2,000억 원, 영업이익은 4조 3,000억 원이
었다. POSCO의 2021년 실적은 매출액 76조 3,000억 원, 영업이익
은 9조 2,000억 원이다. 매출액은 세 배 이상 올랐고 영업이익은 두
배 이상 올랐다. 그렇다면 혹시 2007년보다 코스피지수가 내려간 걸
까? POSCO 주가가 76만 원을 기록하던 2007년 10월, 코스피지수

는 2,064였다. 2021년 말의 코스피지수는 2,977이었다. 코스피지수도 오르고 기업의 실적도 늘었는데 주가는 절반도 안 된다. 나는 이 책을 가득 채울 만큼 이와 비슷한 예를 많이 들 수 있다. 가장 확실한 투자는 지수가 폭락했을 때 특정 기업의 주식을 사는 게 아니라 지수를 추종하는 ETF를 사는 것이다.

떨어진 종목들의 빈자리는 언제나 그랬듯이 새로운 기업들이 채우게 마련이다. 위기 때마다 변화에 적응한 기업은 살아남고 그렇지 못한 기업들은 도태된다. 이때 시가총액 순위에서 저 아래에 있던 네이버와 카카오가 본격적으로 치고 올라올 채비를 마친다. 그 이후 바이오 관련주들이 코스닥 시장을 이끌면서 시장을 주도하는 주식이 완전히 바뀐다.

전통적인 굴뚝 산업에서 벗어나 꿈을 먹고사는 기술 중심 기업과 바이오 기업의 등장을 앞두고 있던 시점이었다. 이때 이러한 변화를 미리 감지하고 남들보다 한발 앞서 투자했던 사람은 큰돈을 벌었고, 우량주라며 전통적인 산업에만 집중했던 사람들은 시장 수익률도 따라가지 못했다. '우량주 장기 투자'의 허상이 여실히 드러나는 대목이다. 장기 투자로 성공하기 위해서는 무턱대고 시가총액 상위권에 있는 주식을 사서 묻어두는 것이 아니라 아무도 거들떠보지 않았던 네이버나 카카오 또는 바이오 관련주들을 사서 묻어두는 안목이 있어야 한다. 특히 금융 위기처럼 격변을 겪고 나면 시장 교체가 일어나기 때문에 투자자들은 이 점을 명심해서 투자해야 한다.

미국에 주목하라!

다시 서브프라임 모기지 이야기로 돌아가자. 당시 기업들은 채용을 대폭 축소하면서 몸을 잔뜩 움츠렸다. 2009년 2월 나는 대학을 졸업하면서 취업을 준비했다. 기업들이 채용을 아예 하지 않을까 봐 불안에 떨었던 기억이 있다.

어쨌든 미국의 대규모 부양 정책 덕분에 미국의 경기는 빠르게 회복했고 주가지수도 급격하게 하락한 만큼 빠른 속도로 올랐다. 이를 통해서 우리는 큰 교훈을 얻을 수 있다. 그것은 바로 미국이 위기에 빠지면 상황이 빨리 끝난다는 점이다. IMF 사태는 동남아 일부 국가와 한국에만 국한된 외환 위기였기 때문에 미국이 크게 개입할 이유가 없었다. 그러나 미국이 경제 위기에 봉착하면 미국 정부는 즉각적으로 '헬리콥터 머니'라고 하는 대규모 유동성을 시장에 공급하기에 상황은 의외로 빨리 끝난다. 대표적인 예가 코로나19다.

만약 코로나19 사태가 중국을 비롯해 일부 아시아 국가들에만 퍼졌더라면 상황은 전혀 달라졌을 것이다. 하지만 미국 내에서 사망자가 급증하자 미국은 재빨리 재난지원금을 지급했다. 덕분에 전 세계의 주식, 부동산, 암호화폐, 미술품 등 모든 자산의 가치는 급등했다. 따라서 우리는 어떤 악재가 터졌을 때 '미국이 타격을 입느냐'를 가장 중요한 판단 근거로 삼아야 한다. 미국이 타격을 입으면 단기간에 충격은 강하겠지만 그만큼 미국의 적극적인 부양책으로 고통은 빨리 끝난다. 이는 역설적으로 자산을 늘리는 좋은 기회가 된다. 하지만 그 위기가 한국이나 일부 아시아 국가에만 국한된 문제라면 상황은 빨리 끝나지 않을 가능성이 크다. 한국은 내수 경제가 취약한 편이기 때문에 자력으로 위기를 돌파할 수 있는 여지가 없다.

많은 이들에게 고통을 안겨줬던 미국의 대공황이나 한국의 IMF 사태는 그 뒤의 세대들에게 백신과도 같다. 이런 고통 속에서 인류는 해결책을 찾으며 진화했고 앞으로도 그럴 것이다. 우리는 역사를 통해서 이들이 남겨준 교훈을 잘 숙지하고 비슷한 일이 발생했을 때 대처할 수 있는 능력을 키워야 한다. 경제 위기는 어느 순간 예고 없이 찾아오지만, 비관론자보다는 낙관론자가 항상 돈을 벌어왔다. 시장이 어려울수록 긍정적인 사람이 승리한다는 것은 주식 시장의 오랜 진리다.

 복습 노트

금융 위기가 발생했을 때 심각성을 알아보기 위해서는 미국의 상황을 봐야 한다. 금융 위기로 떨어진 지수는 추후 회복한다. 그러나 개별 종목의 주가는 회복하지 못하는 경우가 많다. 따라서 이럴 때는 지수 추종 ETF를 사는 것이 현명하다. 금융 위기로 모든 종목이 폭락하면 폭락 전에는 잘 눈에 띄지 않던 새로운 종목들이 시장을 주도한다. 이 과정에서 시가총액 순위가 크게 바뀐다. 여기에 기회가 숨어 있다.

전쟁

조금이라도 위험하면 도망가자

전쟁은 인류 역사와 늘 함께였다. 때로는 종교적 이유로, 때로는 경제적 이유로 인간들은 싸웠다. 전쟁은 경제에도 지대한 영향을 미쳤다. 승자와 패자 모두 막대한 비용을 지출해야 했지만, 이는 새로운 산업이 발전하는 계기가 됐다. 당연히 전쟁은 주식 시장에도 많은 영향을 끼쳤다. 이번 장에서는 2000년대 이후 있었던 세 번의 전쟁과 우리가 전쟁에 대비하는 자세에 관해 이야기하고자 한다.

2001년 9월 11일, 뉴욕 맨해튼 한복판의 세계무역센터 빌딩에 비행기가 충돌하면서 건물이 무너졌다. 이를 지켜본 미국인들은 강한 충격에 빠졌다. 세계무역센터는 쌍둥이 빌딩이었는데, 첫 번째 비행기가 건물에 충돌했을 때 사람들은 끔찍한 사고라고 생각했다. 그러나 몇 분 뒤 두 번째 비행기가 옆 건물에 충돌하면서 사람들은 그제야 이것이 단순한 사고가 아니라 치밀하게 계획된 테러라는 사실을 깨달았다.

제1차 세계 대전, 제2차 세계 대전 모두 미국이 참전했지만, 전쟁의 무대는 유럽이었기 때문에 미국 본토에 피해는 없었다. 그러나 이번엔 상황이 달랐다. 뉴욕이 공격당하는 것을 두 눈으로 본 사람들의 공포는 극에 달했다. 게다가 납치된 비행기 AA77편이 국방부 청사를 들이받으면서 미국은 공황 상태에 빠졌고, 의회로 향하던 비행기 UA93편은 승객들의 격렬한 저항으로 워싱턴 D.C.에 도달하지 못하고 펜실베이니아에 추락하면서 탑승자 전원이 사망했다. 이 당시 플로리다주의 한 초등학교에서 아이들과 시간을 보내던 부시 대통령은 즉시 에어포스원을 타고 워싱턴으로 돌아가면서 상황을 보고받았다. 미국 언론들은 'AMERICA UNDER ATTACK'이라는 제목으로 일제히 상황을 긴급 보도했고 테러범들을 지구 끝까지 찾아가서 응징해야 한다는 여론이 들끓었다.

주가도 폭락했다. 뉴욕증권거래소는 서킷브레이커(주가가 급락하는 경우 투자자들이 냉정하게 투자할 수 있도록 시장에서의 모든 거래를 일시적으로 중단하는 제도)를 발동하며 주식 거래를 정지했다. 9월 11일에 폐장된 뉴욕 증시는 계속해서 개장하지 못하다가 9월 17일에야 겨우 재개하기에 이르렀다. 그사이에 가장 많이 떨어진 곳은 한국 증시였다.

9월 12일 개장하자마자 서킷브레이커가 발동된 코스피는 -12.02%, 코스닥은 -11.59%로 폭락했다. 이는 일간 기준 역대 최대 낙폭이었다. 코스피는 475.60포인트로 마감하며 1998년 12월 이후 최저치를 기록했다. 코스닥 시장에서는 전체 종목의 88.7%인 591개 종목이 하한가를 기록했다. 이날 일본의 닛케이지수는 -6.63%, 독일 -8.49%, 프랑스 -7.39%, 영국 -5.72%로 하락했다. 이와 비교해 볼 때 한국 증시의 하락은 세계적으로 가장 대단했다.

테러범의 배후가 '알카에다'라는 것이 밝혀지자 미국은 바로 보복 작전에 들어갔다. 2001년 10월 17일, 미국은 알카에다를 보호하던 아프가니스탄에 폭격을 퍼부으며 공격에 나섰다. 이때 시작된 아프가니스탄 전쟁은 2021년 8월 30일 미군이 철군하면서 20년 만에 끝났으며 이는 미국 역사상 최장기간 벌인 전쟁으로 기록됐다. 참고로 이 기간 미국이 지출한 전쟁 비용은 8,157억 달러에 이른다.

그렇다면 다우지수는 어땠을까? 다음 페이지의 그래프를 살펴보자. 9·11 테러 직전 9,606포인트였던 다우지수는 우여곡절 끝에 재개장하자마자 폭락해 8,236포인트까지 밀렸다. 하지만 그 이후 두 달 만에 폭락 전 수준으로 회복했고 그 이후로는 꾸준히 상승했다.

그렇다면 9·11 테러 직후 낙폭이 가장 컸던 한국 증시는 어떻게 됐을까? 코스피 역시 다우지수와 비슷한 흐름을 보였다. 9월 17일 463.54까지 떨어졌던 코스피는 2002년 3월 900선을 돌파하며 두 배 가까이 상승했다. 떨어질 때 가팔랐던 만큼 상승할 때도 다우지수보

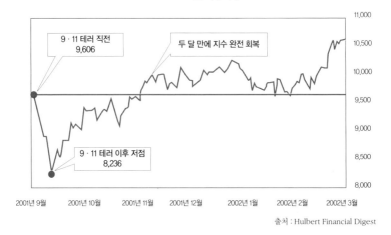

2001~2002년 다우지수

9 · 11 테러 직전
9,606

두 달 만에 지수 완전 회복

9 · 11 테러 이후 저점
8,236

출처 : Hulbert Financial Digest

다 큰 상승률을 기록했다. 한국 증시는 대외 변수에 취약하지만 반대로 상승할 때는 더 빠르게 상승한다. 이러한 변동성을 잘 활용한다면 큰 수익을 낼 수 있는 셈이다.

그런데 9·11 테러 직후 폭락하던 세계 증시는 왜 막상 아프가니스탄 전쟁이 일어나자 오히려 올랐을까? 전쟁은 언뜻 생각하기에 큰 악재인 것 같은데 말이다. 그것은 바로 '불확실성 제거'로 설명할 수 있다. 9·11 테러 직후, 추가 테러의 공포가 증시를 뒤덮었다. 세계무역센터 공격 이후 또 어디서 어떤 테러가 일어날지 몰랐기에 극도의 불안감에 휩싸인 투자자들은 보유하던 주식을 모두 팔았다. 이것은 인류의 진화 방식에서 유래된 특징이다.

숲속을 걷다가 바스락거리는 소리를 들었을 때 사람들은 두 가지 행동 중 하나를 선택한다. 첫 번째는 무조건 도망가는 것이고, 두 번째는 소리의 원인을 탐색하는 것이다. 이러한 차이는 유전 혹은 교육으로 인해 발생한다. 결과는 어땠을까?

첫 번째 행동을 택한 사람은 많이 살아남았고 두 번째 행동을 택한 사람은 많이 죽었다. 소리의 원인이 운 좋게 다람쥐 같은 작은 동물이었다면 괜찮았지만, 곰이나 호랑이 같은 사나운 맹수였다면 죽음을 맞이할 수밖에 없었다. 살아남은 사람들은 자녀들에게 바스락 소리가 조금만 들려도 일단 도망치라고 가르쳤고, 조금의 위험이라도 감지되면 일단 도망가는 방향으로 인류는 진화했다. 이를 화재경보기 이론으로 설명하기도 한다. 불이 났을 가능성이 조금만 있어도 울리는 화재경보기가 확실히 불이 났을 때만 울리는 화재경보기보다 더 낫다는 것이다.

다시 9·11 테러 이야기로 돌아오자. 시간이 지나면서 더 이상의 테러는 일어나지 않았다. 오히려 미국이 테러의 배후를 찾아서 공격하면 추가 테러의 가능성마저도 제거할 수 있다는 의견에 힘이 실리면서 증시는 반등했다. 즉, 불확실성이 해소되자 사람들은 주식을 다시 사기 시작했다. 미국의 아프가니스탄 전쟁은 예고된 것이기 때문에 증시에 악재로 작용하지 않았다. 하지만 만약 아프가니스탄 전쟁이 갑작스러운 일이었다면 증시에 악재로 작용했을 것이다. 이런 갑작스러운 전쟁이 바로 2003년에 일어난 이라크 전쟁이다. 2003년 3월 30일, 미국은 이라크가 대량살상무기를 만들어 테러 단체에 팔고 있다는 첩보를 바탕으로 바그다드에 공습을 감행했다. 이른바 '충격과

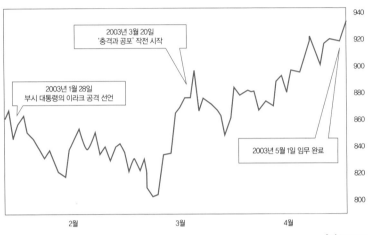

이라크 전쟁 기간의 S&P 500

2003년 3월 20일
'충격과 공포' 작전 시작

2003년 1월 28일
부시 대통령의 이라크 공격 선언

2003년 5월 1일 임무 완료

2월 3월 4월

출처 : FactSet

공포Shock and Awe'로 명명된 이 작전으로 이라크의 수도 바그다드는 순식간에 함락했고 후세인 정권은 무너졌다. 9·11 테러의 보복이라는 명백한 명분이 있었던 아프가니스탄 전쟁과 비교했을 때 이라크 전쟁은 그 명분이 부족했다. 심지어 미국은 이라크 내에서 대량살상무기를 만들어서 팔았다는 증거도 찾지 못했다. 아프가니스탄 전쟁이 소강상태에 접어들던 시기에 다시 전쟁이라는 불확실성과 마주하자 사람들은 불안에 휩싸였다.

위의 그래프를 보면 알겠지만, 2003년 1월 28일 부시 대통령이 이라크 전쟁을 시사하자 S&P 500은 하락하기 시작했다. 전쟁의 불확실성이 커졌기 때문이다. 소규모 국지전에 그친다면 다행이지만 전면전으로 치달을 수도 있는 전쟁이기에 불안한 투자자들은 발을 뺐

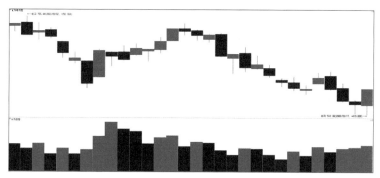

출처 : 미래에셋 HTS

2003년 3~9월 코스피 차트(주봉)

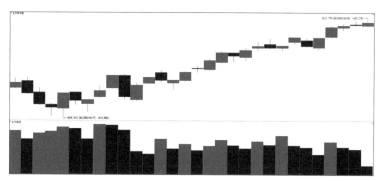

출처 : 미래에셋 HTS

다. 코스피 역시 하락을 면치 못했다.

　2002년 말, 700이던 코스피는 2003년 3월 17일 500 초반까지 떨어졌다. 하지만 막상 전쟁이 시작되자 미군은 생각보다 빠른 속도로 이라크를 점령했고, 빠른 진행에 세계 증시는 안도하며 다시 오르기 시작했다.

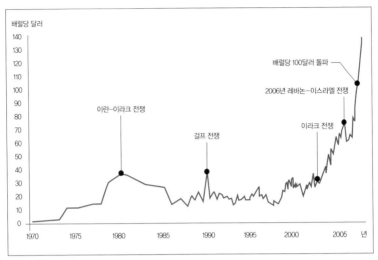

1970~2010년 사건별 국제 유가

배럴당 달러

배럴당 100달러 돌파

2006년 레바논-이스라엘 전쟁

이란-이라크 전쟁

걸프 전쟁

이라크 전쟁

1970　1975　1980　1985　1990　1995　2000　2005　년

출처 : Bloomberg

이라크는 아프가니스탄과 다르게 산유국이기 때문에 이라크 전쟁은 국제 유가를 자극했다. 국제 유가는 이라크 전쟁 이후 가파르게 상승해 배럴당 30달러 수준이던 것이 2008년에는 배럴당 140달러에 육박했다. 이런 환경에서 웃었던 것은 정유주였다. 국제 유가가 오르면 원가가 오른 만큼 바로 판매가에 반영할 수 있는 정유주는 유가 상승에 최대 수혜주였다. 판매 단가가 비싸지니 매출액이 늘고 이윤이 늘었다. 또 저렴한 가격에 샀던 재고도 비싼 가격에 팔 수 있어 S-OIL과 같은 정유주들은 신이 날 수밖에 없었다.

2003년 이라크 전쟁 이전 1만 2,000원대였던 S-OIL의 주가는 이라크 전쟁 이후로도 국제 유가의 상승에 따라 꾸준히 오르면서

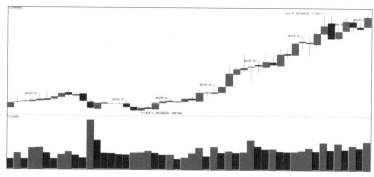

2002~2005년 S-OIL 차트(월봉)

2005년에는 8만 7,000원이 됐다. 이처럼 중동 지역에 전쟁이 나면 유가가 오르고 정유주도 동반 상승한다. 중동 지역은 종교적, 정치적 이유로 세계의 화약고라고 불리는 곳으로 늘 전쟁의 가능성이 있기 때문에 주시해야 한다.

전쟁의 유형이 바뀌었다, 무역전쟁

시간이 흘러 2018년 7월이 되자, 세계는 전혀 다른 유형의 전쟁과 맞닥뜨린다. 바로 미·중 무역전쟁이다. 지금까지의 전쟁이 물리력을 동원한 싸움이었다면, 무역전쟁은 관세를 부과하면서 교역국에 경제적 타격을 입히는 싸움이다. 7월 6일 미국이 중국에서 수입하는 340억 달러 규모의 수입품에 25%의 보복 관세를 부과하면서 시작된 미·중 무역전쟁에 세계는 당황했다. 워낙 갑작스럽기도 했고 익

숙하지 않은 유형의 싸움이다 보니 불확실성이 컸기 때문이다.

중국은 미국의 농산물, 자동차 등 340억 달러 규모의 수입품에 25% 관세를 부과하면서 바로 반격에 나섰다. 어디로 튈지 모르는 트럼프 대통령의 기습 트위터에 투자자들은 롤러코스터를 탔다. 그 뒤로도 양국은 관세 인상을 주고받으며 치열한 공방을 펼쳤다. 이 과정에서 미국과 중국의 증시는 모두 타격을 입었지만, 상대적으로 미국의 피해가 덜했다. 그도 그럴 것이 중국의 대미 수출액은 무려 5,050억 달러였고, 미국의 대중 수출액은 1,300억 달러밖에 되지 않았다. 결국, 미국이 중국의 물건을 압도적으로 더 많이 사고 있었기에 양국이 같이 관세를 올린다 해도 더 큰 피해를 보는 것은 중국이었다.

떨어질 때 둘째가라면 서러운 한국 증시 역시 이 기간 하락을 거듭했다. 다음 페이지의 차트를 보면, 미·중 무역전쟁이 일어나기 전인 6월 2,400선 수준이던 코스피는 계속되는 무역전쟁에 2019년 1월 2,000선이 무너졌다. 아프가니스탄이나 이라크 전쟁 전에 지수가 하락했다가 막상 전쟁이 시작되면 서서히 올랐던 모습과는 대조적이었다. 그만큼 이 전쟁은 사람들에게 생소했다.

미·중 무역전쟁으로 전 세계 증시는 긴 기간 고통받았지만, 이것은 또 새로운 교훈을 남겼다. 앞으로의 전쟁은 아프가니스탄이나 이라크 전쟁과 같이 무기를 가지고 영토를 침략하는 방식보다는 상대방에게 경제적 타격을 입히는 방식으로 진행될 수 있다는 것이다.

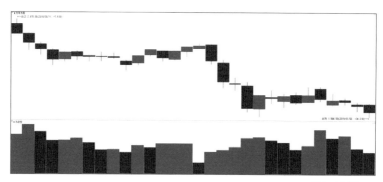

2018~2019년 코스피 차트(주봉)

출처 : 미래에셋 HTS

물론 이는 미국과 같은 소비 왕국에서나 가능한 전략이지만 앞으로 미국의 이익에 반하는 국가가 있다면 이런 식의 보복도 불사할 것임을 알 수 있었다. 미·중 무역전쟁이 처음 일어났을 때 기존의 아프가니스탄이나 이라크 전쟁에서 통했던 이론을 적용해 투자했더라면 큰 손실을 봤을 것이다. 오랜 기간 인류의 진화 방식이었던 모르는 게 나오면 일단 도망가는 지혜가 필요했던 사건이었다.

현대사료가 7거래일 연속 상한가를 기록한 이유

그렇다면 물리력으로 싸우는 전쟁이 완전히 없어진 것일까? 전혀 아니다. 아직도 아프리카와 중동 지역에서는 수많은 전쟁이 일어나고, 그 전쟁은 모두 물리적인 충돌이다. 다만 그런 전쟁들이 세계 증시에 큰 영향을 미치지 않는 이유는 간단하다. 미국이 관여하지 않

157

2022년 1~3월 코스피 차트(월봉)

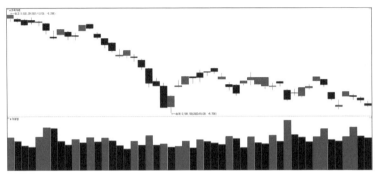

출처 : 미래에셋 HTS

기 때문이다. 하지만 미국이 개입하면 문제는 매우 커진다.

2022년 2월 24일, 러시아가 우크라이나를 침공하며 전 세계 증시가 충격에 빠졌다. 우크라이나의 NATO 가입을 결사반대하는 러시아가 우크라이나의 수도 키이우를 비롯한 여러 지역에 공격을 감행하면서 상황은 점점 악화했다. 미국은 즉각적으로 러시아에 강력한 경제 제재를 시행했다. 미국이 개입하기 시작하자 판은 더욱 커졌다. 미국이 앞장서서 경제 제재를 가하자 동맹국들이 동참하면서 러시아는 경제적으로 고립됐다. 글로벌 증시와 마찬가지로 2022년 초 3,000선을 넘나들던 코스피지수는 3월에 2,650선을 밑돌며 10% 이상 하락하는 모습을 보였다.

이 과정에서 급등했던 것이 천연가스와 곡물 가격이었다. 러시아는 세계 최대 천연가스 수출국으로, 경제 제재의 하나로 러시아의 천연가스를 수입하지 않는다면 공급 부족이 발생할 것이 뻔했다. 유

158

2022년 2월 지에스이 차트(일봉)

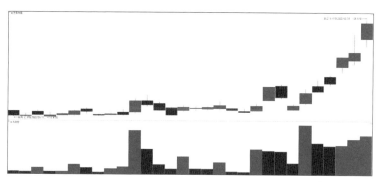

럽 국가들은 전력 생산에 필요한 천연가스의 40% 정도를 러시아로 부터 공급받기 때문에 이는 상당한 불안 요소다. 천연가스 가격이 급등하자 지에스이, 대성에너지 등 도시가스 사업을 하는 한국 기업 들의 주가도 급등했다. 천연가스 가격의 상승이 가스비 인상으로 이 어질 것이라는 기대감 때문이었다.

게다가 우크라이나는 동유럽의 대표적인 곡창 지대로 세계 4대 곡물 수출국이다. 보리와 옥수수는 세계 4위, 밀은 세계 6위의 생산 량을 자랑하는 우크라이나에서 전쟁이 일어나자 곡물 수급에 큰 차 질이 생겼다. 이런 우려로 곡물의 가격도 크게 오르면서 곡물을 원 료로 사료를 만드는 현대사료와 같은 기업들의 주가가 큰 폭으로 상 승했다. 우크라이나 공습 이전에 1만 7,000원 수준이었던 현대사료 의 주가는 한 달여 만에 14만 원을 돌파하며 여덟 배 이상 상승했다.

이 밖에도 러시아가 주요 수출국인 원유, 알루미늄, 니켈 등 각종

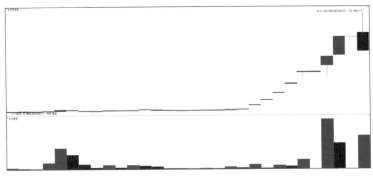

출처 : 미래에셋 HTS

원자재의 가격이 폭등했다. 경제 제재로 인해서 공급량이 줄어들 것이라는 우려 때문이었다. 그렇다면 이 중에서 내가 가장 관심을 두었던 원자재는 무엇이었을까? 그것은 바로 곡물이었다.

나는 파종 시기에 주목했다. 우크라이나 밀의 파종 시기는 3~4월로, 전쟁이 계속된다면 이를 놓칠 수 있었다. 다른 원자재들은 생산에 문제가 없었다. 러시아의 수출이 막히면서 공급이 줄어들어도 추후 경제 제재가 풀린다면 얼마든지 이전으로 돌아갈 수 있다. 하지만 밀과 같은 곡물은 제재가 풀린다고 해도 파종 시기를 놓친다면 생산량을 갑자기 늘릴 수가 없다. 경작지 면적의 한계로 다른 국가의 곡물 생산량 역시 단번에 늘리기는 불가능하다. 이러한 특성 때문에 나는 농산물 가격 상승에 집중했고, 현대사료를 주목했다.

나는 우크라이나 공습이 일어난 지 이 주 뒤인 3월 9일 유튜브 라이브에서 현대사료를 언급하며 곡물가 상승을 잘 봐야 한다고 강조했다. 그렇다면 나의 유튜브 구독자의 수익은 어땠을까?

당일매도	당일매수분매도			당일매도	당일매수분매도			당일매도	당일매수분매도		
2022/04/01	전체	현금	신용	2022/04/01	전체	현금	신용	2022/04/01	전체	현금	신용
매도금액 94,583,400	매수금액			매도금액 16,800,000	매수금액			매도금액 4,200,000	매수금액		
수수료제세금 231,711	정산금액 94,351,689			수수료제세금 41,160	정산금액 16,758,840			수수료제세금 10,290	정산금액 4,189,710		
손익금액 83,239,113	수익률 749.05%			손익금액 8,693,400	수익률 107.79%			손익금액 2,197,710	수익률 110.33%		
종목명	손익금액	수익률		종목명	손익금액	수익률		종목명	손익금액	수익률	
현대사료	83,239,113	749.05%		현대사료	8,693,400	107.79%		현대사료	2,197,710	110.33%	

출처 : 키움 MTS

많은 구독자가 짧은 기간에 큰 수익을 올렸다. 한국 주식은 올림픽과 같아서 기회가 왔을 때만 잘하면 충분하다. 올림픽 무대에서 금메달을 따는 것이 가장 중요한 것처럼 말이다. 물론 세계선수권대회에서도 좋은 성적을 거두고 올림픽에서도 금메달을 딴다면 더할 나위 없이 좋겠지만, 이는 현실적으로 너무 과한 노력을 요구한다. 사람들이 기억하는 것은 결국 올림픽 금메달리스트이지 세계선수권대회 1위가 아니다. 따라서 체력적으로나 정신적으로 모든 대회에서 잘할 수 없다면 당연히 올림픽에 더욱 신경 써야 한다. 오히려 모든 대회에서 잘하려고 욕심내서 너무 많은 연습을 하다 보면 몸에 무리가 와서 선수 생활을 오래 하기 힘들다.

주식도 마찬가지로 항상 잘하려고 기를 쓸 필요가 없다. 물론 평상시에도 꾸준히 수익을 내다가 큰 기회가 왔을 때 더욱 큰 수익을 내면 좋겠지만, 이는 너무 힘든 일이다. 따라서 평상시에는 쉬엄쉬엄 투자하다가 중요한 순간에 집중해서 큰 수익을 내는 전략이 훨씬 더 현

실적이다. 이런 방법의 장점은 주식 투자를 지치지 않고 오래 즐길 수 있다는 것이다. 항상 잘하려고 애를 쓰다 보면 쉽게 지치게 마련이다. 마라톤 초반에 전력 질주를 하면 안 되듯이 주식 투자자로 오래 살아남기 위해서는 페이스 조절이 필수다.

나는 2021년부터 〈돈키레터〉를 발간해 글을 매일 쓰고 있기에 우크라이나 전쟁 관련주를 상세히 다룰 수 있었다. 마치 2020년 코로나19가 중국에서 발생했을 때부터 〈어피티〉에 매일 관련주를 썼던 것처럼 이번에도 우크라이나 전쟁 관련주를 열심히 작성했다. 내가 날짜별로 다룬 주제를 정리해보면 다음과 같다.

우크라이나 전쟁 관련주

날짜	내용	관련주
2021년 12월 27일	천연가스 가격 상승	SK가스, 서울가스
2022년 2월 4일	원전 수요 증가	한전기술
2022년 2월 7일	밀 가격 상승	삼양식품
2022년 2월 24일	LNG 운반선 발주 증가	한국카본
2022년 2월 25일	해상운임 상승	흥아해운, 대한해운
2022년 3월 2일	한국 무기 수요 증가	LIG넥스원
2022년 3월 3일	풍력발전 수요 증가	씨에스윈드
2022년 3월 4일	시멘트 가격 상승	아세아시멘트
2022년 3월 7일	비료 가격 상승	남해화학
2022년 3월 8일	석탄 가격 상승	LX인터내셔널

〈돈키레터〉는 NH투자증권에 납품하는데 최소 시가총액 기준이 있어서 소형주는 다룰 수 없다. 그래서 시가총액이 작은 종목들은 유튜브에 소개하고 있다. 내가 소개한 종목들은 안 좋은 시장 상황에도 상승했다. 이때의 기록을 〈돈키레터〉 홈페이지와 효라클 유튜브에 남겨놓았으니 참고하길 바란다.

장기 투자자들이 주가 하락을 지켜보는 동안 나는 위기를 기회로 만들면서 상황을 정면 돌파했다. 이런 상황에서 '우크라이나 전쟁을 어떻게 예측해?'라든지 '이건 내 잘못이 아니야'라고 생각하는 투자자들은 주식 투자자라고 말할 자격이 없다. 전쟁을 예측하지 못했어도, 내 잘못이 아니어도 충분히 주식 시장에서 돈을 벌 수 있다. 당신 주변에 그런 사람이 없다고 해서 다른 사람들도 다 주식으로 돈을 잃는 것은 절대 아니다. 이 세상에는 주식을 잘하는 사람이 밤하늘의 별처럼 많다.

이처럼 전쟁이 일어나면 우선 미국의 개입 여부를 따져봐야 하고, 그다음으로는 그 지역에서 많이 나오는 원자재에 관심을 기울여야 한다. 전쟁이 고조될수록 원자재의 가격은 상승하고, 그것을 원료로 제품을 만드는 기업들의 주가도 상승한다.

학생들은 "원재료의 가격이 올라가면 영업이익이 줄어드는 것 아니냐"라는 질문을 많이 하는데, 주식 시장에서 원재료의 가격이 급격히 올라가는 것은 곧 제품 가격의 인상으로 이어져 매출 상승의 기대감을 키운다. 특히 석유나 가스, 사료 같은 제품은 사치재가 아니라 필수재이기 때문에 가격이 올라도 수요는 일정하다. 따라서 원재료 가격 상승이 제품 가격 상승으로 이어지면 기업의 매출과 영업이익은 상승한다. 다만 원재료 가격의 상승이 지속적이고 상승폭이 커야 제품 가격에 제대로 반영된다. 잠깐 상승하고 말거나 찔끔찔끔 오르는 경우, 오히려 기업의 부담을 가중한다. 전쟁처럼 극단적 사건이 있거나 천재지변, 흉작 등으로 원재료의 가격이 급격히 올라간다면 이를 집중적으로 살펴보자.

 복습 노트

사람들은 전쟁이 나면 불안감에 휩싸여 위험 자산을 팔려고 한다. 이에 주가는 대부분 하락한다. 그러나 막상 전쟁이 시작되고 상황이 빠르게 전개되면 불확실성은 사라지고 주가는 다시 오른다. 전쟁의 심각성을 판단하려면 미국의 개입 여부를 보자.

중동 지역에서 전쟁이 발생하면 유가 상승으로 정유 관련주가 오르고, 동유럽 지역에서 전쟁이 발생하면 천연가스와 곡물 가격이 상승해 관련주가 오른다.

미·중 무역전쟁과 같이 새로운 유형의 악재는 일단 피하고 보는 것이 좋다.

외교 갈등

　한국의 지정학적 위치는 참 특이하다. 세계 유일의 분단국가이며 중국, 일본, 러시아 등 주변 국가들이 하나같이 만만치 않은 상대들이다. 이런 혹독한 환경 속에서 반도체, 자동차, 조선 등의 산업이 발전했고 이제는 엔터테인먼트 산업까지 세계적인 인기를 끌고 있다. 일반적으로 주변국과 사이좋게 지내기란 쉽지 않다. 한국 역시 북한, 중국, 일본과 끊임없는 마찰을 빚어왔다. 현실 경제를 그대로 반영하는 주식 시장 역시 이에 따른 영향을 많이 받는다. 주변국들과의 외교 갈등이 증시에 어떤 영향을 미치는지 살펴보자. 이는 언제든지 발생할 수 있는 문제인 만큼 대비를 철저히 해야 한다.

북한

북한이 우리에게 가장 큰 충격을 줬던 사례는 핵실험이다. 북한이 핵무기를 보유한다는 것은 재래식 무기로 대치하던 때와는 차원이 다른 문제였다. 미군이 남한에 주둔해 있다고는 하지만 북한의 핵무기 보유는 전력의 대칭성을 무너뜨리는 것으로 안보에 큰 위협이 된다. 이러한 인식 때문에 한국 증시에도 적잖은 영향을 미쳤다.

1차 핵실험은 2006년 10월 9일에 일어났다. 함경북도 길주군 풍계리에 있던 핵실험장에서 처음 실행한 핵실험으로 인해 인공 지진이 감지됐다. 남북한 간의 긴장이 최고조로 치달았고 10월 14일과 21일로 예정돼 있던 서울세계불꽃축제가 무산됐다. 당시 군 복무 중이던 나는 긴장감 속에 하루하루를 보내야만 했다.

갑자기 발생한 일이라 한국 증시도 강하게 요동쳤다. 당시 코스닥 지수는 -8.21%로 폭락하며 장중 사이드카가 발동됐다. 코스닥 전체 상장 종목의 30%에 달하는 287개 종목이 하한가를 기록했다. 코스피지수의 상황은 상대적으로 나았지만, 역시 -2.41%로 하락했다.

외환 시장도 출렁였다. 원·달러 환율은 15원 가까이 급등하며 2004년 이후 22개월 만에 최대 상승폭을 기록했다. 환율이 급등했다는 것은 그만큼 많은 투자자가 불안감에 주식을 모두 팔고 안전자산인 달러로 수요가 몰렸다는 뜻이다. 시장은 종일 전쟁의 공포에 시달리는 모습이었다.

하지만 충격은 오래가지 않았다. 바로 다음 날인 10월 10일, 증시는 소폭 상승하며 빠르게 진정됐고, 원·달러 환율도 다시 내려갔다. 북한이 핵실험을 했다고 해서 전쟁이 일어나는 것은 아니었다. 핵무기를 현재 보유하고 있는 것도 아니었고 그것을 즉시 사용한다는 의미도 아니었기 때문이다. 시장의 공포는 잦아들었다.

두 번째 핵실험은 2009년 5월 25일에 일어났다. 2년 반 만에 다시 행해진 핵실험에 증시는 어떻게 반응했을까? 북한의 2차 핵실험 소식이 전해지기 전까지 1,400포인트였던 코스피지수는 소식이 전해지자 10분간 강하게 하락했다. 공포에 빠진 투자자들이 일단 팔고 보자며 주식을 내던졌다. 1,315포인트까지 급락하며 장중 6%가 넘는 낙폭을 보였던 코스피는 이내 빠르게 반등했다. 코스피지수는 1,400선을 회복하며 전날보다 0.2%밖에 하락하지 않은 상태로 장을 마감했다.

외환 시장도 빠르게 안정을 되찾았다. 북한의 2차 핵실험 소식이 전해지기 전 1,250원 안팎을 기록하던 원·달러 환율은 순식간에 1,270원까지 치고 올라갔다. 하지만 30분 만에 시장은 안정을 찾으며 원·달러 환율은 다시 내려갔고, 결국 1,249원에 장을 마감했다. 이번에도 1차 핵실험 때와 같이 코스피지수가 떨어지고 원·달러 환율은 급등했지만 달라진 것은 '지속 시간'이었다. 1차 핵실험 때 지수만 떨어지고 실제로 아무 일이 일어나지 않았던 것이 투자자들에게 북한 핵실험으로 인한 급락은 곧 기회라는 교훈을 줬기 때문이다. 한국 증시는 그 이후에 일어난 북한의 3~6차 핵실험에도 별다른 반응을 보이지 않았다. 아무리 악재라도 반복되면 무덤덤해지는 것이 주식 시장의 이치다. 〈신서유기 시즌 8〉에서 강호동은 이런 말을 했다. "평상시 많이 안 맞아서 맷집이 약해." 이처럼 아무리 체격이 좋다고 해도 맷집은 맞아야만 생긴다.

반대로 북한과의 관계가 개선되면 오르는 주식들이 있다. 이른 바 '대북 관련주'라고 하는 것들인데, 북한과 과거 인연이 있는 종목들이 대부분이다. 아난티는 금강산에 골프 리조트를 지은 바 있어서 대북 관련주로 분류된다. 재미있는 것은 아난티의 금강산 골프 리조트는 아난티가 보유한 수많은 리조트 중의 하나일 뿐인데 다른 리조트들의 실적에는 아난티의 주가가 움직이지 않는다. 유독 북한과의 이슈에만 민감하게 반응한다. 신원, 제이에스티나, 인디에프 등은 과거 개성공단에 입주했던 기업들 역시 대북 관련주로 분류된다. 이들도 개성공단이 폐쇄되면서 북한과의 관계는 끊어진 지 오래지만, 이들의 주가는 북한 이슈에 민감하게 움직인다. 대표적인 사례가 2018년 북·미 정상회담이다.

2018년 6월 12일은 트럼프 대통령과 김정은 위원장이 싱가포르에서 만나는 역사적 순간이었다. 이로 인해 대북 관련주는 급등했다. 비록 회담이 성과 없이 끝나서 주가는 원래대로 돌아왔지만, 관계 개선의 여지가 다시 보인다면 주가는 반응할 것이다.

중국

2016년 7월 한국 정부는 미군의 사드 배치를 전격 결정했다. 사드 THAAD는 'Terminal High Altitude Area Defense'의 줄임말로 상대 방의 탄도탄을 레이저로 탐지해 고도에서 요격하는 미사일이다. 이는 북한의 탄도탄을 공중에서 요격하는 용도의 방어 무기다. 이 미사일이 경북 성주에 들어서기로 결정되자, 참외를 재배하며 평화롭게 지내던 성주 군민들의 반대가 거세졌다. 이들은 사드 배치를 결사반대하며 각종 시위를 벌였지만, 배치를 막진 못했다.

해외에서는 중국이 이 결정에 극렬하게 반발했다. 성주에 사드를 배치하면 레이더로 자국의 영토를 탐지할 수 있다는 이유에서였다. 사드의 레이더 탐지 범위는 600킬로미터로 중국 영공을 들여다볼 수 없다. 그러나 중국은 이를 전진 배치 레이더로 전환하면 2,000킬로미터까지 탐지 가능하다고 주장했다. 이 과정에서 중국 외교 당국자는 "소국이 대국에 대항해서 되겠나?"라는 발언까지 서슴지 않았다. 중국의 반대에도 아랑곳하지 않고 한국이 사드 배치를 강행하자 중국은 한국에 보복하는데, 이것이 바로 한한령限韓令이다.

한한령이 내려지기 전까지 중국인들은 한국에 우호적이었다. 앞에서 언급한 〈별에서 온 그대〉가 중국에서 큰 인기를 끌면서부터다. 2014년에 이 드라마가 중국에서 신드롬을 일으키자, 중국인들은 한국으로 몰려와 드라마에 나왔던 한국 문화를 체험했다. 이 당시 명

동에는 중국에서 몰려든 관광객으로 발 디딜 틈이 없었고 거리에는 중국어 현수막이 나부꼈다. 중국인들은 한국 물건이라면 돈을 쓰기 바빴다. 한국을 향한 동경은 한국 화장품의 구매로 이어졌고 면세점마다 한국 화장품을 사기 위한 줄이 길게 늘어섰다. 이는 곧 폭발적인 매출 증대로 이어졌다.

하지만 2016년 중국의 한한령으로 분위기는 바뀌었다. 중국은 한국의 영화와 드라마를 상영 금지했고, 한국으로의 관광도 제한했다. 중국에 진출한 한국 기업에도 불이익이 가해졌다. 성주에 사드 부지를 제공한 롯데그룹에는 유독 제제의 강도가 심했다. 선양과 청두에 건설 중이던 롯데월드 공사가 중단됐고 롯데마트 점포는 영업 정지 처분을 받았다. 중국 관광객들이 한국에 오지 않으면서 한국 화장품 기업들의 실적도 크게 줄었다.

설화수가 중국에서 큰 인기를 끌며 주가가 급등했던 아모레퍼시픽은 2015년 주가가 45만 원을 돌파하며 전성기를 맞았지만, 한한령 이후 주가가 원점으로 돌아왔다.

고가 화장품인 설화수뿐만 아니라 한국의 저가 화장품도 중국에서 큰 인기를 끌었다. 토니모리가 대표적이었다. 5만 원이 넘던 주가가 5년 만에 5,000원대로 주저앉으며 한한령의 충격을 고스란히 반영했다.

하지만 한한령으로 타격을 입은 미디어 관련주들은 넷플릭스 같은 OTT의 급부상으로 주가가 오히려 상승했다. 하나의 시장에만

2013~2019년 아모레퍼시픽 차트(월봉)

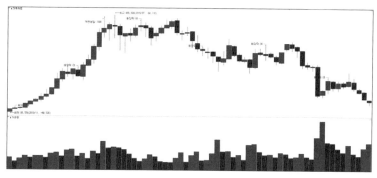

출처 : 미래에셋 HTS

2015~2020년 토니모리 차트(월봉)

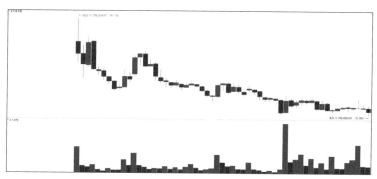

출처 : 미래에셋 HTS

의존하면 그 시장이 무너졌을 때 회복할 수 없다. 이는 내수 기업에
도 적용되는 원리다. 내수 기업들은 한국 시장의 의존도가 너무 크
기 때문에 한국이 경기 침체에 빠지면 매우 위험하다. 그래서 코스
피 시가총액 상위 기업들은 모두 세계적 기업인 것이다. 거기다가
한국은 인구가 줄어들고 있어서 내수에만 의존하는 회사에 장기 투

자하는 것은 적합하지 않다. 반대로 내수 기업이 해외 시장에서 인정받아 세계적 기업으로 거듭난다면 이는 큰 주가 상승으로 이어질 수 있다.

일본

일본은 과거 식민지 경험 때문에 사이가 좋으려야 좋을 수 없다. 게다가 일본과는 독도를 둘러싸고 영토 분쟁까지 벌이고 있다. 이런 와중에 2019년 7월 1일, 일본이 한국에 대한 수출 규제를 발표하면서 양국 관계는 돌이킬 수 없는 지경에 이르렀다. 일본은 한국 대법원이 조선인 징용에 관한 손해배상 판결을 내리자 이에 항의하는 조치로 한국에 대한 수출 규제를 시행했다.

일본은 반도체 산업의 핵심 소재 중에서 일본의 의존도가 높은 것들만 골라 수출을 규제했다. 그것은 플루오린폴리이미드, 포토레지스트, 에칭가스였다. 플루오린폴리이미드는 OLED 디스플레이 패널의 소재로 일본 의존도는 93.7%였다. 포토레지스트는 반도체 기판을 제작하는 데 쓰이는 감광제로 일본 의존도는 91.9%였다. 에칭가스는 반도체 회로의 패턴을 만드는 웨이퍼의 식각 공정에 소재로 쓰이는 고순도 불화수소로 일본 의존도는 43.9%였다.

한국 기업들은 우회 수입과 소재 자체 생산을 검토했다. 이처럼 한국의 산업을 방해하겠다는 명백한 의도가 보이면서 반일 정서는

2019년 7~8월 신성통상 차트(일봉)

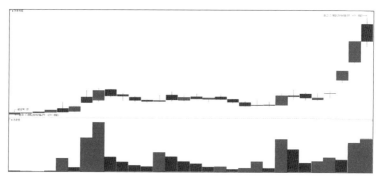

극에 달했고 이는 대규모 일본 제품 불매로 이어졌다.

표적은 유니클로였다. 저렴한 가격, 좋은 품질, 무난한 스타일로 많은 사랑을 받던 유니클로는 불매운동이 이어지며 매출에 큰 타격을 입었다. 이로 인해 수혜를 입은 곳은 탑텐을 운영하는 신성통상이었다. 유니클로 대신 탑텐 매장을 찾는 사람들이 늘어나며 신성통상의 주가도 급등했다.

일본 불매운동이 벌어지기 전 1,000원대였던 신성통상의 주가는 일본 불매운동이 한창이던 2019년 8월 7일 2,960원으로 세 배 가까이 상승했다.

앞서 동일본 대지진에서 현대차 사례를 살펴봤지만, 반사 이익은 강력한 주가 상승의 요소다. 잠깐 이러다 말 것이라던 일본의 예상과는 다르게 불매운동은 꽤 오랫동안 이어졌고, 이는 한국에 진출한 여러 일본 기업에 실제로 큰 타격을 줬다.

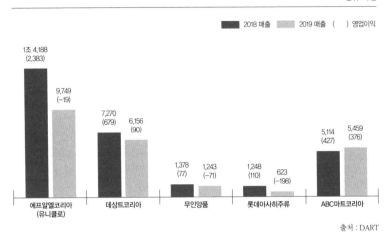

불매운동으로 인한 일본 기업들의 매출 타격

단위 : 억 원

■ 2018 매출　▨ 2019 매출　(　) 영업이익

- 에프알엘코리아(유니클로): 1조 4,188 (2,383) / 9,749 (−19)
- 데상트코리아: 7,270 (679) / 6,156 (90)
- 무인양품: 1,378 (77) / 1,243 (−71)
- 롯데아사히주류: 1,248 (110) / 623 (−198)
- ABC마트코리아: 5,114 (427) / 5,459 (376)

출처 : DART

이처럼 주변국과의 외교 갈등은 늘 정치적인 이슈로 인해 일어나기 때문에 갑작스러운 경우가 많다. 상대방에게 최대한 큰 타격을 주기 위해서 준비할 시간을 주지 않고 예고 없이 시행하기 때문이다. 안타까운 점은 한국은 늘 당하기만 한다는 것이다.

역사적으로도 한국은 주변국에 늘 침략당했다. 기업들이 어떤 잘못을 하지 않아도 주변국들과의 정치적 이슈로 피해를 보는 경우가 많다. 따라서 특정 시장의 의존도가 너무 큰 기업에 투자할 때는 늘 조심해야 한다.

주변국들과의 관계가 개선돼 수출이 늘어난다고 해도 안심해서는 안 된다. 북한과의 군사적 갈등은 앞으로도 계속될 것이다. 중국과의 관계 역시 회복해도 한국은 미국과 중국 사이에서 균형을 잘 잡아야 하므로 위험은 언제나 존재한다. 일본과의 관계는 말할 것도 없다. 향후 주변국들과의 갈등이 심해질 때 이 책을 다시 펼쳐보면서 천천히 복기한다면 투자에 큰 도움이 될 것이다.

 복습 노트

북한의 도발에도 주가가 하락하지 않는 것은 이미 겪어본 악재에 시장이 적응했기 때문이다. 반대로 북한과의 관계가 개선된다면 대북 관련주는 상승할 것이다.

중국의 한한령으로 실적이 줄어든 뒤 아직도 회복하지 못하는 화장품 기업들처럼 특정 시장에만 의존하는 기업들에 투자하는 것은 위험하다.

일본과는 늘 외교적 갈등이 있었다. 불매운동이 계속된다면 대체재를 생산하는 한국 기업들이 수혜를 입을 수밖에 없다.

선거

정치 테마주의 실체

우리가 전쟁, 외교 갈등 부분을 살펴보면서 배운 점이 있다면 정치 이슈가 경제에 많은 영향을 끼친다는 것이다. 지진, 전염병과 같은 자연재해도 물론 큰 영향을 끼치지만, 인간의 의지로 일어나는 정치 사건들은 경제에 꾸준히 영향을 미친다. 전쟁이나 외교 갈등이 국가 간의 정치 이슈라면 국내의 정치 이슈에는 선거가 있다. 특히 그중에서도 대통령 선거가 가장 중요한데, 대통령은 행정부의 수장으로 모든 경제 정책을 총괄한다. 대통령 선거 기간에는 공약들이 쏟아지게 마련이다. 이 중에서 경제 관련 공약은 주식 시장에도 큰 영향을 준다.

그런데 한국에는 특이하게 '정치 테마주'라는 것이 있다. 이는 후보의 경제 정책과 무관한 종목으로 후보와 실제로 전혀 상관이 없지만, 학연, 지연 등으로 얽힌 경우다. 예를 들면 그 기업의 회장이 특정 후보와 대학 동문이라던지, 같은 고향 출신이라던지 하는 식이다. 하지만 실제로 그 후보와 일면식도 없는 경우가 대부분인, 그야말로 억지로 엮은 것이다. 그 후보가 대통령에 당선된다고 해도 관련 테마주에 돌아오는 혜택은 없다. 이런 정치 테마주를 향한 비판은 상당하다. 기업과 아무런 관련이 없는데도 불구하고 단순히 회장이 대학 동문이라는 이유로 주가가 오르락내리락하는 것이 말도 안된다는 것이다.

그런데도 왜 여전히 선거철만 되면 정치 테마주가 기승을 부리는 걸까? 그것은 한국의 뿌리 깊은 정서에 기인한다. 영화 〈범죄와의 전쟁〉을 보면 그 실마리를 찾을 수 있다. 물론 이는 허구에 기반한 영화지만 시대상을 잘 보여준다. "느그 서장 남천동 살제? 어? 내가 인마! 느그 서장이랑 인마! 어저께도 어? 같이 밥 묵고! 사우나도 같이 가고! 어?"라는 유명한 대사가 보여주듯이 주인공 최익현(최민식 분)은 인맥으로 모든 것을 해결하려는 인물이다. 극 중에서 최익현이 최형배(하정우 분)와 친해지는 이유도 결국은 혈연이다. 같은 종친이라는 점을 이용해 조직폭력배 두목 최형배와 함께 각종 이권 사업을 벌이던 최익현은 최형배가 감옥에 들어가자 그를 꺼내기 위해 최주동 검사(김응수 분)에게 로비한다. 이때도 역시 같은 종친의 집안

어른을 이용해 작업하고, 최주동 검사는 최형배가 풀려나도록 도움을 준다. 1980년대에 이런 일은 비일비재했다고 한다. 학교 다닐 때 서로 모르는 사이였다고 하더라도 같은 학교 출신이라고 하면 무조건 밀어주고 같은 고향이라고 하면 챙겨주는 문화가 만연했다. 이는 어차피 누군가가 높은 자리로 올라가야 한다면 나와 같은 학교, 같은 고향의 출신이 올라가는 것이 나에게 유리하지 않을까 하는 막연한 기대감에서 나온 행동이다. 이런 식으로 형성된 학연, 지연, 혈연 등은 한국 사회에서 강력한 힘을 발휘한다. 이것이 바로 정치 테마주다.

지금은 생판 모르는 사이일지 몰라도 나중에 선거 운동이 본격화되면 동문회, 향우회, 종친회 등을 통해서 혹시 연결고리가 생길 수 있지 않을까 하는 생각, 그래도 이왕이면 같은 연결고리로 묶인 기업을 더 챙겨주지 않을까 하는 기대감이 만들어낸 결과물이다. 실제로 동문회, 종친회 등의 영향력은 법조문에서도 확인할 수 있다. 공직선거법 제103조 3항은 다음과 같이 규정하고 있다.

"제103조 (각종 집회 등의 제한) ③ 누구든지 선거 기간 중 선거에 영향을 미치기 위해 향우회·종친회·동창회·단합대회 또는 야유회, 그 밖의 집회나 모임을 개최할 수 없다."

얼마나 이런 단체들을 통해서 선거 운동을 했으면 이런 조항까지 생겨났을까? 판례에서도 이를 찾아볼 수 있다. 18대 대통령 선거를 앞두고 박근혜 전 대통령을 지지하는 트윗을 매크로 프로그램을 이용해 자동으로 리트윗한 혐의로 실형을 선고받은 곳은 '서강바른포럼'이었다. 이는 박근혜 전 대통령의 모교 서강대 동문 모임이다. 이처럼 한국에서 선거와 이런 조직들은 떼려야 뗄 수 없는 관계다.

이런 관행이 없어진다면 정치 테마주 역시 자연히 사라질 것이다. 선거 때마다 금융 당국은 정치 테마주를 집중해서 감시한다고 하지만 갈수록 진화하는 수법에 큰 효과를 거두지 못하고 있다. 우리 사회가 학연, 지연, 혈연에서 벗어나 실력으로 정정당당하게 경쟁하는 시대가 오기 전까지 정치 테마주는 계속 기승을 부릴 것이다. 이번 장에서는 역대 선거 중에서 대통령 탄핵으로 가장 역동적이었던 19대 대통령 선거를 조명하면서 선거가 주식 시장에 미치는 영향을 살펴보고자 한다.

19대 대통령 선거

2016년 10월 24일, JTBC는 단독으로 최순실의 태블릿PC를 보도했다. 과거에도 박근혜 전 대통령의 비선 실세로 최순실이 지목되며 사람들 입에 오르내리긴 했지만 명확한 물증이 없어서 뜬소문으로 여겼다. 그런데 이날 JTBC의 보도가 나가자 모든 것이 바뀌었다. 최순실이 대통령의 연설문 파일을 미리 받아보았던 것이 보도되자 여론은 급격하게 기울기 시작했다. 그 뒤로 최순실이 연설문뿐만 아니라 인사 등 국정 전반에 깊이 개입했다는 보도가 속속 나오면서 정

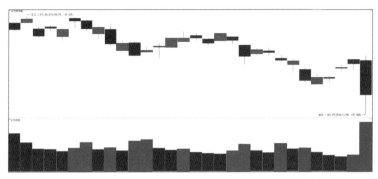

출처 : 미래에셋 HTS

국은 격랑 속으로 빨려 들어갔다. 아무런 공식 직함도 없는 자가 대통령을 쥐락펴락했다는 사실에 분노한 사람들은 거리로 뛰쳐나갔다. 광화문 앞 광장은 분노한 시민들로 가득했고 그들은 한목소리로 대통령 하야를 외쳤다. 그러는 동안 주가는 하락을 거듭했다. 최순실 사태 전 2,040선이던 코스피는 상황이 심각해지면서 11월 1일 2,000선이 무너졌다.

기사들도 최순실 사태를 코스피 하락의 원인으로 지목했다. 엎친데 덮친 격으로 이때는 미국의 대선이 있던 시기였다. 이 당시 공화당 후보는 트럼프였고, 민주당 후보는 힐러리였다. 시장에서는 힐러리가 대통령이 되는 것을 더 선호했는데 트럼프는 '예측불허'라는 이미지가 강했기 때문이다. 초반 여론 조사에서도 힐러리가 앞서는 것으로 나타나면서 힐러리의 무난한 승리가 점쳐졌지만, 대선이 다가올수록 상황이 바뀌었다. 트럼프의 지지율이 상승세를 타면서 힐러리를 맹추격하자 금융 시장은 불안에 빠졌다.

한국에서는 '최순실 사태'로 박근혜 전 대통령의 지지율이 5%까지 추락하는 등 극심한 정국 혼란 상태였고, 미국에서는 트럼프의 당선 가능성이 커지면서 불안감이 고조됐다. 2016년 11월 9일 마침내 트럼프 대통령이 당선되자 아시아 증시는 공황에 빠졌다. 일본 닛케이지수는 -5.36%, 대만 가권지수 -2.98%, 홍콩 항셍지수는 -1.95%, 미국 나스닥 선물은 -5%로 폭락했다. 2016년 6월 브렉시트로 큰 혼란을 겪은 지 5개월 만에 아시아 증시는 다시 큰 타격을 입었다. 참고로 트럼프 당선일에 중국 상하이지수는 -0.62%로 가장 조금 하락했다. 2년 뒤 트럼프 대통령에 의해 처참하게 박살 날 줄은 꿈에도 모른 채 중국과는 상관없는 이슈라고 생각했을 것이다. 코스피는 이날 1,931포인트까지 떨어졌지만, 이후 낙폭을 줄이며 장을 마감했다. 정작 이날 밤, 미국 증시는 상승하는 바람에 하락한 아시아 증시를 머쓱하게 했다.

이런 절망적인 상황에서 개인 투자자들이 믿을 건 정치 테마주밖에 없었다. 최순실 사태로 정치 테마주가 요동을 치자 사람들의 관심이 쏠렸다. 아직 한참 남았다고 생각했던 대선이 의외로 빨리 치러질 수도 있겠다는 생각에 정치판의 상황은 긴박하게 돌아갔다. 당시 차기 대선주자는 '문재인 vs. 반기문'으로, 양강 구도였다. 반기문 전 UN사무총장이 대선 출마를 선언하지는 않았지만, 사람들은 그가 결국 출마할 것으로 생각했다.

2016년 10월 3주 차 리얼미터 주간집계에 따르면 1위는 반기문 전 사무총장으로 지지율은 22.2%였다. 2위는 지지율 18.9%의 문재인 후보였다. 그런데 최순실 사태로 11월 2주 차 조사에서는 문재인 후보가 21.4%로 1위, 반기문 전 사무총장이 17.2%로 내려앉으면서 2위로 밀려났다. 이는 사람들이 반기문 전 사무총장을 당시 여당인 새누리당의 대선 후보로 간주했기 때문이다. "새누리당에 입당하겠다" 또는 "대통령에 출마하겠다"라고 직접 말한 적은 없지만, 민주당에는 문재인이라는 확실한 후보가 있었고 새누리당에는 뚜렷한 후보가 없었기 때문에 사람들은 자연스럽게 민주당 문재인 vs. 새누리당 반기문 구도로 인식했다. 이에 따라 1위로 올라선 문재인 테마주는 급등했고, 반대로 2위로 밀려난 반기문 테마주는 급락했다. 2016년 10월 26일 반기문 테마주였던 지엔코, 씨씨에스, 휘닉스소재(현 비케이홀딩스), 광림, 성문전자 등이 일제히 폭락했다. 반면 문재인 테마주였던 우리들휴브레인, 고려산업, 우리들제약(현 팜젠사이언스) 등은 급등했다.

이를 통해서 얻을 수 있는 교훈은 '1위의 역설'이다. 사람들은 흔히 정치 테마주에 투자할 때 여론 조사 1위가 좋으리라 생각한다. 하지만 1위는 부담이 많은 자리다. 잘해야 순위 유지고 잘못하면 2위로 내려간다. 따라서 현재 여론 조사 1위 후보의 테마주에 투자한다는 것은 상당히 위험하다. 차라리 2위 후보의 테마주에 투자해서 순위 역전을 노리는 것이 더 안전할지도 모른다. 또 주의해야 할 점은 출마를 선언하지 않은 사람의 테마주다. 언론에서 아무리 출마할 것

같다고 이야기하고 여론 조사에 끼워 넣는다고 해도 본인이 아직 선언하지 않았다면 위험하다. 물론 출마를 선언하기 전에 주식을 미리 사뒀다가 이후 출마를 선언한다면 더 큰 수익을 낼 수 있지만, 불출마할 경우 너무 큰 손실을 감내해야 한다. 실제로 2017년 2월 1일 반기문 전 UN사무총장이 불출마를 선언하면서 테마주가 하한가를 기록한 바 있다. 너무 조급해하지 말고 출마하는지 확인한 후에 투자해도 늦지 않다.

1, 2위에만 주목해선 안 된다

이 세상에는 1위와 2위만 있는 것은 아니다. 사실 진정한 정치 테마주의 수익은 언더독에서 나오는 경우가 많다. 2012년 대선 때는 안철수 후보가 그랬다. 갑자기 혜성처럼 나타난 정치 신인, 자기 분야에서 확고한 입지를 다지고 거기다 좋은 이미지까지. 기성 정치권에 환멸을 느낀 사람들은 열광했다. 2017년 대선 때는 이재명과 안희정이 그 역할을 했다. 민주당 경선 과정에서 급부상한 이 둘은 평범한 지방자치단체장이었다. 이재명 당시 성남시장은 박근혜 전 대통령을 탄핵해야 한다고 가장 먼저 주장하면서 주목을 받았다. 정치인은 결국 사람들이 원하는 것을 대변해야 하는데 그의 사이다 발언이 연일 화제가 되면서 지지율도 급상승했다.

2016년 10월 3주 차 리얼미터 주간집계에 따르면 지지율 5위였

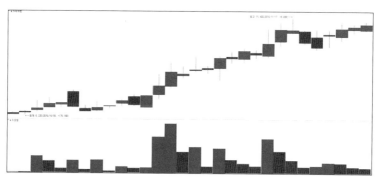

출처 : 미래에셋 HTS

던 이재명 당시 성남시장은 11월 4주 차 집계에서는 지지율 11.6%로 3위를 차지했다. 여론 조사에서 지지율 10%는 큰 의미를 지닌다. 인지도 측면에서는 대다수가 다 안다는 뜻이며 추후 단일화를 통해서 존재감을 과시할 수 있는 지지율이기 때문이다. 그래서 일단 지지율 10%를 돌파해야 한다고 말하는 것이다. 대표적인 이재명 테마주였던 에이텍은 이 기간 주가가 두 배 이상 오르며 급등했다.

하지만 막상 박근혜 전 대통령의 탄핵이 결정되자 이재명의 지지율은 내려가기 시작했다. 애초에 그가 인기를 얻었던 이유는 박근혜 전 대통령의 탄핵을 가장 먼저 주장해서다. 이슈가 사라지자 지지율은 내려갔다. 그러자 지지율이 오르기 시작한 사람이 안희정 당시 충남도지사였다.

2016년 12월 4주 차 조사에서 5% 미만의 지지율로 5위를 기록하던 안희정 당시 충남도지사는 2017년 2월 4주 차 조사에서는 무

2017년 1월 SG글로벌 차트(일봉)

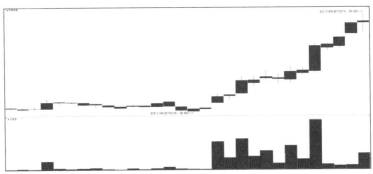

출처: 미래에셋 HTS

려 18.9%의 지지율을 보이며 문재인 후보에 이어 2위를 기록했다. 이런 급격한 상승세에 안희정 테마주도 급등했다. 대표 테마주였던 SG글로벌도 2017년 2월 초부터 짧은 기간 두 배 이상 상승했다. 뒤늦게 불이 붙은 것이다. 물론 안희정 후보가 정말로 문재인 후보를 경선에서 이길 거라고 생각하는 사람은 아무도 없었다.

그런데 이길 가능성이 없는 상황에서도 주가는 왜 오르는 걸까? 차기 대권과 연관이 있기 때문이다. 지금 당장은 낙선하더라도 경선에서 존재감을 나타낸 후보는 다음 대선에서 반드시 유력 주자가 된다는 계산이다. 실제로 안희정 후보는 2017년 대선이 끝난 후에도 꾸준히 차기 유력 대권 주자로 평가받았지만, 성폭력 사건으로 유죄 선고를 받으며 정치 생명이 끝났다. 그리고 2022년 대선에서 민주당의 대선 주자는 이재명이었다.

이처럼 언더독의 반란은 정치 테마주에서 항상 큰 수익으로 연결된다. 언더독은 초반에 주목하는 사람이 거의 없기에 주가가 전혀 오르지 않은 상태다. 따라서 해당 후보가 별다른 주목을 받지 못하더라도 주가가 크게 떨어질 일은 없다. 쉽게 말해 밑져야 본전이다. 이미 너무 급등한 여론 조사 1위나 2위 후보 테마주에 투자하는 것이 무섭다면 가능성 있는 언더독에 투자하는 것도 좋은 방법이다.

각 당의 경선이 끝나고 후보가 확정되자, 대선은 5자 구도로 정해졌다. 민주당 문재인, 새누리당 홍준표, 국민의당 안철수, 바른정당 유승민, 정의당 심상정까지 다양한 후보들이 나와서 각축을 벌였다. 이 과정에서 의외의 선전을 한 사람은 홍준표 후보다. 새누리당 후보로 나와서 대선에서 승리를 기대할 수는 없었지만, 초반의 낮은 지지율이 점점 올라갔다.

홍준표 후보의 지지율은 2017년 2월 4주 차 당시 3.6%에 불과했지만 대선이 가까워지자 급등하기 시작했다. 4월 4주 차 조사에서는 16.7%를 기록하며 안철수 후보를 위협했고, 결국 대선 최종 득표율은 24.03%로 안철수 후보를 제치고 2위를 기록했다. 이에 따라 홍준표 테마주였던 세우글로벌이 동반 급등하는 모양새를 보였다.

다만 홍준표 후보의 지지율이 상승했던 시점이 대선과 너무 가깝다 보니 상승 기간은 길지 않았다. 정치 테마주는 선거가 끝나면 주가가 원점으로 회귀하기 때문에 선거가 얼마 남지 않은 시점에서 정치 테마주에 투자하는 것은 위험이 크다.

안철수 후보는 박근혜 전 대통령의 탄핵 국면 초반에 확실한 입장

2017년 3월 세우글로벌 차트(일봉)

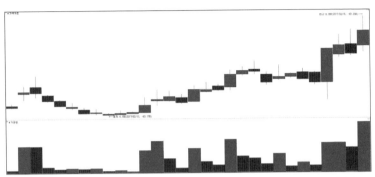

출처 : 미래에셋 HTS

을 표현하지 않고 머뭇거리면서 지지율이 답보 상태였지만 대선이 가까워지면서 지지율이 상승했다.

2017년 2월 4주 차에 지지율 10%를 보이며 5위를 기록하던 안철수 후보는 민주당 경선이 끝나고 5자 구도로 굳어지자 문재인 후보의 대항마로 존재감을 키웠다. 4월 4주 차 조사에서는 지지율 20%를 넘기며 2위 자리를 굳히면서 관련주 안랩의 주가도 함께 상승했다. 안랩은 안철수 후보가 최대 주주이기 때문에 다른 테마주와는 차원이 다르다. 19대 대통령 선거에서 후보와 관련이 있었던 종목은 안랩이 유일했다.

19대 대통령 선거는 탄핵이라는 사상 초유의 사태와 맞물리면서 민주당에 유리했다. 하지만 그렇다고 해서 나머지 정치 테마주들에 기회가 없었던 것이 아니었다. 민주당 경선 과정에서 언더독의 선전이 있었고, 경선 이후에는 다섯 명이나 되는 후보들이 나와서 다자

2017년 안랩 3월 차트(일봉)

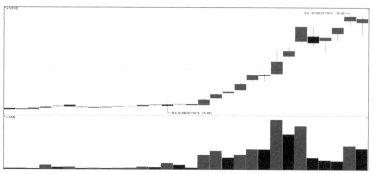

출처 : 미래에셋 HTS

구도를 보여줬다. 모든 후보에게 좋은 순간과 나쁜 순간이 번갈아 찾아왔고 정치 테마주는 그 흐름에 따라 움직였다.

 복습 노트

정치 테마주는 학연, 지연, 혈연 등이 강력하게 작용하는 한국 사회의 특성이 그 대로 증시에 반영된 것이다.

정치 테마주는 대통령 선거 때 특히 기승을 부리는데, 여론 조사 1위보다는 2위 후보의 테마주에 더 많은 기회가 있다. 1위는 잘해야 본전이지만 2위는 역전이 가능하기 때문이다.

각 당의 경선 과정에서 예기치 않게 떠오르는 후보가 있다면 큰 기회를 잡을 수 있다. 누구나 당선될 거라고 생각하는 후보의 테마주보다는 새롭고 참신한 인물 의 테마주가 수익을 남기기에 더 좋다.

이번 기회를 놓쳤다면
다음 기회만은 절대로 놓치지 말자

자산은 계단식으로 상승한다

우리는 지금까지 한국 주식 시장을 뒤흔든 사건들과 그로 인해 얻은 교훈에 관해 알아보았다. 2000년 이후에 있었던 사건만 추려서 정리해보면 다음과 같다.

연도	사건
2001	9·11 테러, 아프가니스탄 전쟁
2003	이라크 전쟁
2006	북한 1차 핵실험
2008	서브프라임 모기지 사태
2009	스마트폰 출시

2011	동일본 대지진
2012	〈강남스타일〉 빌보드 2위
2016	중국 한한령
2017	박근혜 대통령 탄핵, 제19대 대선
	비트코인 급부상
2018	방탄소년단 빌보드 1위
	북·미 정상회담
	미·중 무역전쟁
2019	일본 수출 규제
2020	코로나19
2021	〈오징어 게임〉〈지옥〉 넷플릭스 1위
2022	러시아 우크라이나 전쟁

하나의 주제만 놓고 보면 사건과 사건 사이의 간격은 꽤 길다. 전쟁, 전염병 같은 사건은 자주 발생하지 않는다. 하지만 이렇게 여러 주제를 모아보면 생각보다 우리의 인생을 바꾸는 기회는 자주 온다. 인생은 계단식으로 상승하기 때문에 이런 기회를 잘 잡으면 큰 폭으로 올라가는 것이고 그렇지 않으면 그냥 평지일 뿐이다. 그렇다면 성공했을 경우 도대체 얼마나 자산이 늘어날까? 계단의 높이가 어느 정도인지 감이 잘 안 오는 분들을 위해서 수익률을 보여주고자 한다.

내가 운영하는 효라클 카페에는 유튜브나 〈어피티〉, 〈돈키레터〉 구독자들이 수익 인증 사진을 올리곤 한다. 193페이지의 인증 사진을 참고하자. 첫 번째 인증 사진의 구독자는 2020년 코로나19의 기회를 잘 잡았다. 약 1년간 수익률은 130%, 액수로는 2억 7,000만 원 정도를 벌었다. 두 번째 인증 사진의 구독자는 1년 수익률 94%, 액수로는 7,500만 원 정도를 벌었다. 세 번째 인증 사진의 구독자는 1년 수익률 120%, 액수로 따지면 4,300만 원 정도다.

앞에서 언급한 기회 중 하나를 제대로 잡았다면 자산이 두 배 이상 늘어난 셈이다. 물론 매번 그런 것은 아니다. 코로나19는 이벤트의 강도가 워낙 대단했고 언제까지 계속될지 예측할 수 없는 상황이었기 때문에 주가의 변동폭이 상당히 컸다. 미국의 사망자가 속출했을 때 주가는 급락했지만, 대규모 재난지원금이 시장에 풀리자 다시 반등했다. 그렇다면 이렇게 기회를 잡아서 번 돈은 어디에 쓰였을까?

194페이지의 인증 사진을 보자. 한 구독자는 2021년에도 꾸준히 나의 유튜브와 〈돈키레터〉를 참고해 투자했다. 그 결과 6개월 만에 1억 4,000만 원이 넘는 돈을 벌었다. 그리고 추가 대출 없이 더 좋은 곳으로 이사했다고 한다.

또 다른 구독자는 2021년에 6개월 만에 1억 1,000만 원을 벌고 연봉 1억 원이 뭐가 대단하냐는 글을 올렸다. 이때부터 효라클 카페에는 퇴사하고 주식으로 경제적 자유를 이루고자 하는 사람들이 급격히 늘어났다.

다른 구독자 역시 2021년 6개월 만에 7,700만 원을 벌고 퇴사가 두렵지 않다며 회사를 나왔다. 한 번의 기회를 잡은 것이 계속 이어

구독자의 수익 인증 사진

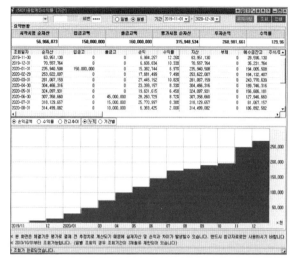

출처 : 신한금융투자 HTS

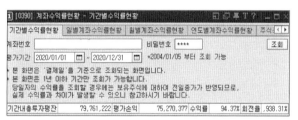

출처 : 키움증권 HTS

투자원금평잔	월별		2020.01.01~2020.12.31 ▼
투자원금평가	35,601,473	수익률(%)	120.00
약정금액	5,109,540,488	평가손익	42,725,229
입금/입고합계		출금/출고합계	

출처 : NH투자증권 MTS

구독자의 수익 인증 사진

이번에 추가 대출 없이 더 좋은 곳으로 이사를 하게 되었습니다.

역시 효라클은 종교이자 사랑입니다 ㅎㅎ

인생을 바꿔준 효님 항상 감사드립니다.

조회기간 2021/01/01 ~ 2021/06/09			
총매수	2,062,876,645	총매도	1,922,335,715
수수료	671,020	세금합	3,929,180
실현손익	143,716,134	총수익률	+8.11%

출처 : 키움증권 HTS

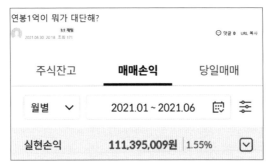

연봉1억이 뭐가 대단해?

1:1 채팅
2021.06.30 20:18 조회 171

댓글 0   URL 복사

주식잔고	**매매손익**	당일매매

월별 ∨   2021.01 ~ 2021.06

실현손익   **111,395,009원** | 1.55%

출처 : 키움증권 HTS

퇴사가 두렵지 않아요

1:1 채팅
2021.06.30 20:33 조회 108

댓글 0   URL 복사

2.수익인증

당일	1주일	1개월	3개월	**기간설정**

2021.01.01 ▼ — 2021.06.30 ▼

총실현손익	77,308,830	총수익률	1.04%

출처 : 미래에셋 MTS

져 집을 바꾸고, 차를 바꾸고, 퇴사하고 인생을 바꾼 것이다. 이 사례들을 보면 기회를 잡는다는 것이 얼마나 중요한지 느낄 수 있다.

하지만 기회는 오래가지 않는 법이다. 아무리 좋은 이벤트라 할지라도 시간이 지나면 사람들의 반응은 무뎌지며 재료는 소멸한다. 그러면 다음 이벤트를 기다리면 그만이다. 이벤트와 이벤트 사이의 기간에는 대부분 시장이 안 좋기 때문이다. 잘나가는 기업은 물적 분할에 공매도에 온갖 악재가 쏟아진다. 그래서 수익률이 항상 좋은 것은 애초에 불가능하고, 그것을 위해 굳이 애쓸 필요도 없다. 어차피 다음 기회는 오게 마련이고 그때 자산의 격차를 확 벌리면 그만이다.

그런데 이 기회를 잡으려면 아주 중요한 것이 있다. 바로 지나가기 전에 큰 기회라는 것을 알아차려야 한다는 점이다. 다 지나고 나서 "그건 참 큰 기회였어"라고 말하는 것은 아무런 소용이 없다. 비트코인 열풍이 다 지나고 나서 뒤늦게 "아이고 비트코인 왕창 살걸!" 하고 후회하는 것은 정말 무의미하다.

하지만 전문가라고 하는 사람들은 이런 큰 기회를 포착할 줄 모른다. 그들은 그저 실적 타령만 하기 바쁘다. 물론 실적이 오르면 나쁠 건 없다. 문제는 주가가 그대로 따라가지 않는다는 것이다. 그러면 얼른 실적 말고 진짜로 주가를 움직이는 요소를 찾아서 전략을 바꿔야 하는데도 그들은 그저 기다리라는 말뿐이다. 실적이 좋아지고 있으니 기다리면 된다고, 시장 타이밍에 따라 이리저리 움직여봤자 헛

수고일 뿐이라고 한다.

왜일까? 그들은 타이밍을 포착할 줄 모르니까. 자기가 할 줄 모르면 남들도 다 할 줄 모른다고 생각하는 사람들이다. 그런 사람들은 보통 그런 사람들끼리 어울리기에 주변을 봐도 다 비슷하다.

반면, 타이밍을 잘 잡고 큰 기회가 오면 과감하게 베팅하는 사람들도 많다. 그런 사람들은 또 그런 사람들끼리 어울리기 때문에 인사이트를 서로 나눈다. 사실 나도 한때는 내가 못하면 남들도 다 못한다고 생각하는 사람 중 하나였다. 하지만 서울과학고등학교에서 괴물 같은 친구들을 만나면서 그 생각은 완전히 잘못됐다는 것을 깨달았다. 내가 끙끙대며 손조차 대지 못하는 수학 문제를 아무렇지도 않게 푸는 사람이 반드시 있다.

마찬가지로 나는 성공하기 너무 힘든 시장이라 할지라도 누군가는 분명히 잘하고 있다. 나보다 나은 사람은 언제나 존재하고 그 수도 생각보다 많다. 내가 못한다고 해서, 내 주변 사람들이 다 못한다고 해서 모두가 다 못하는 것은 절대로 아니다. 이 사실을 인정하느냐 못 하느냐는 인생을 좌우하는 중요한 문제다. 이 사실을 인정하지 않는 사람은 절대 노력하지 않는다. 반면 나보다 잘하는 사람이 많다는 것을 인정하는 사람은 그런 사람이 될 수 있다고 믿고 그렇게 되기 위해 노력한다.

대표적인 것이 단타에 관한 견해다. 어떤 사람들은 "직장인은 어차피 단기 투자를 못 하니까 장기 투자밖에 없다"라고 말한다. 나는 직장에 다니면서 회의하고 보고하는 와중에도 단타 매매를 했다. 또 "직장인은 업무 때문에 한국 주식에 투자하지 못하니까 미국 주식에 투자해야 한다"라고 말하는 사람들이 있다. 이 역시 잘못된 주장이다. 오히려 미국 주식에 투자하느라 늦게 자면 다음 날 피곤해서 회사 업무에 지장이 더 크지 않나? 자기가 잘하지 못한다고 해서 남들도 그렇다는 생각을 좀 안 했으면 한다.

내가 큰 기회를 잡을 수 있었던 비결

내가 비트코인, 방탄소년단, 코로나19 등등 큰 기회를 잘 잡을 수 있었던 비결은 단순하다. 행동했기 때문이다. 나는 나이키의 캐치프레이즈 "JUST DO IT"이 정말 대단하다고 생각한다. 스포츠뿐만 아니라 삶의 모든 부분에서 행동하느냐 안 하느냐는 중요한 문제다.

내가 비트코인으로 돈을 벌 수 있었던 것은 거래소에 계좌를 연결하고 비트코인을 사봤기 때문이었다. 블록체인을 공부하고 비트코인의 미래를 논하기 전에 일단 행동부터 했다.

2017년 나는 현대차에서 IT 업무를 담당하고 있었기 때문에 회사 안팎으로 블록체인에 관한 이야기를 하는 사람을 많이 볼 수 있었다. 블록체인이 미래이고 이를 자동차에 어떻게 적용할지 논의가 한창 진행되면서 자연스럽게 암호화폐에 관한 이야기도 나눴는데 놀랍게도 실제 투자하는 사람은 극소수였다. 다들 내가 투자하고 있다고 하면 얼마나 하고 있냐고 물어봤고, 액수를 말하면 다들 그거 너무 위험한 거 아니냐며 우려 섞인 시선을 보냈다. 심지어 비트코인 한 개의 가격이 너무 비싸서 살 수 없다는 사람도 있었다. 거래해본 적이 없으니 소수점 단위로 거래할 수 있다는 사실조차 모르는 것이다. 그런 사람들이 우리기술투자에 투자했을 리가 만무하다. 행동하지 않으니 투자 판단의 근거가 되는 데이터가 부족하게 마련이다. 결국, 돈을 벌어본 사람이 계속 버는 이유는 간단하다. 행동하기 때문이다.

방탄소년단 관련주에 투자할 때는 팬들의 도움을 많이 받았다. 내가 팬클럽에 직접 가입하려고 했으나 절차가 복잡한 관계로 이미 가입한 팬들과 연락하며 데이터를 모았다. 빌보드 순위 예측 관련 자료를 보며 투자 판단을 내렸다. 빌보드 차트의 순위 선정 기준에 따라서 항목별로 대략 몇 점이 될지 예측하고 계산했다. 이것 역시 자료를 모으기 위해서 적극적으로 행동한 결과다.

코로나19 때는 어땠을까? 코로나19 발병 초기에 중국에 있는 지인에게 상황을 물어봤다. 중국에서 공개하는 자료는 신뢰할 수 없었고 중국어 실력이 부족해 현지 상황을 완벽하게 파악할 수 없었기 때문이다. 확인 결과, 생각보다 심각하다는 것을 인지했고 재빨리 투자 포트폴리오를 수정했다. 이것 역시 데이터를 구하기 위해 행동한 결과다. 그냥 가만히 앉아서 언론만 참고했더라면 성공은 불가능했다.

이처럼 일단 행동에 나서는 이유는 말했듯이 데이터를 모으기 위해서다. 많은 데이터가 모일수록 그에 기반한 판단은 틀릴 가능성이 작아진다. 물론 아무리 많은 정보가 있어도 예외 상황이 발생하면 어쩔 수 없지만, 이는 확률의 문제다. 확률상 가장 좋은 선택을 반복적으로 하면 결국 최선의 결과로 이어질 수밖에 없다.

현대차를 퇴사하고 〈어피티〉를 통해 만난 MZ세대 독자들은 나에게 충격을 안겨줬다. 생각보다 많은 사람이 정보를 얻기 위해 별다른 노력을 하지 않아서다. 물론 겉으로 볼 때 그들은 매우 열심히 산다. 여러 재테크에 관심을 두고 여가도 없이 뭔가를 한다. 그런데 정작 주식 투자에 필요한 정보는 잘 모으려고 하지 않는다. 그리고 그들이 궁금해하는 것들도 정작 주식 투자에 있어서 필요한 정보가 아니었다.

예를 들어 코로나19가 발생했을 때 투자에 필요한 정보는 예상 확진자 수다. 이를 알기 위해서는 검사자 수와 양성률을 파악해야 한다. 검사자 수에 양성률을 곱하면 확진자 수가 되기 때문이다. 그렇다면 여러 경로를 활용해 이 정보를 구하려고 노력해야 하는데 그 당시 독자들의 질문은 "코로나19는 언제 끝날까요?" "코로나19 확진자는 몇 명까지 늘어날까요?" "내년에는 해외여행을 갈 수 있을까요?"와 같은 것들이었다. 그걸 알 수 있는 사람은 아무도 없는데 말이다.

내가 수집했던 정보는 전국에 선별진료소가 총 몇 곳인지, 한 곳의 선별진료소당 평균 검사자 수는 얼마인지, 드라이브스루가 생겼을 때 시간당 처리할 수 있는 검사자 수는 몇 명인지 같은 것들이었다. 그것을 통해서 확진자 규모를 추론하고 주식 투자의 판단 근거로 삼았다. 이것을 계기로 나는 유튜브를 하고 〈돈키레터〉를 발행했다. 이 세상에 도대체 어떤 정보가 주식 투자에 필요한 것인지조차 모르는 사람들을 위해 어떤 정보가 중요한 것인지를 알려주고 싶었다. 이런 나의 꾸준한 노력이 인정받았는지 지금은 대학에서 후학 양성에 힘쓸 기회도 생겼다.

행동을 통해 데이터를 얻고 나면 다음은 분석이다. 여기서 감이 좋은 사람과 좋지 않은 사람이 나뉜다. 감이 좋은 사람은 데이터만 봐도 판단이 선다. 이것은 다소 선천적인 능력으로 보이는데, 어떤 학생들은 조금만 가르쳐도 곧잘 따라 하고 어떤 학생들은 헤매느라 바쁘다. 선천적인 문제일 수도 있고 자라온 환경의 영향일 수도 있지만 말이다. 그런데 이 능력을 꾸준히 쓰다 보면 실력이 는다. 맨 처음에는 헤매더라도 몇 달 후에 갑자기 깨달음을 얻기도 한다. 그래서 크게 원래 잘하는 사람, 빨리 잘하게 되는 사람, 못하는 사람 세 종류로 나뉜다. 그렇다면 못하는 사람은 주식을 포기해야 할까? 사실 포기하는 게 마음은 편할 것이다. 억지로 안 맞는 걸 하기보다는 더 잘 수 있는 것을 하는 것이 현명한 방법이다.

하지만 그런데도 주식 투자를 잘하고 싶은 사람들이 많다. 돈을 쉽게 벌 수 있다고 생각해서일 수도 있고 주식 자체가 재밌어서일 수도 있다. 어쨌든 주식에 재능은 크게 없지만 그래도 주식에 투자하고 싶은 사람들을 위해 조언하자면 결국 큰 이벤트를 구분하는 비결은 '얼마나 화제성이 큰가'를 파악하는 데 있다. 이 모든 노력이 결국은 그것을 알아내기 위한 과정이라고 생각하면 쉽다. 화제성이 클수록 돈이 몰리고 자산 시장은 한 방향으로 일제히 흘러간다. 그렇다면 어떻게 화제성을 측정할 수 있을까? 몇 가지 기준을 소개하겠다.

화제성을 측정할 수 있는 비결

첫째, 거래량이다. 주식 투자에 있어서 거래량의 중요성은 아무리 강조해도 지나치지 않다. 거래량은 곧 관심도를 뜻한다. 얼마나 이 종목에 사람들의 관심이 많은지를 알 수 있다. 설령 그것이 악재라 할지라도 거래량이 많으면 굉장한 악재라는 것을 짐작할 수 있다. 특히 이 책에 나온 것처럼 큰 기회를 잡으려는 사람들에게 거래량은 가장 중요한 지표다.

주식 차트를 보면 알겠지만 모든 급등은 거래량의 폭발로부터 시작한다. 거래량이 폭발했다는 것은 시장에서 그만큼 관심을 많이 받았고, 큰 이슈라는 뜻이다. 따라서 그 이슈를 이해하지 못한 사람도 거래량을 보면 직관적으로 이슈의 크기를 짐작할 수 있다. 극단적으로 말하면 무슨 회사인지 몰라도 거래량이 많아지면 일단 관심을 둬야 한다. 이를 이용한 것이 바로 차트만 보고 매매하는 매매법들이다. 물론 나는 차트만 보고 매매하는 것보다는 이슈를 먼저 이해하고 투자하는 것이 훨씬 좋다고 생각한다.

둘째, 뉴스 기사량이다. 사람들에게 화제가 되는 이슈는 뉴스 기사량도 많다. 아무래도 많은 사람이 관심을 두는 이슈를 기사로 써야 조회 수가 많이 나오고 광고 수입이 높아지기 때문이다. 따라서 기사의 양을 검색하는 것도 화제성 측정에 도움이 된다. 방법은 네이버 뉴스에서 특정 키워드를 검색하고 옵션에서 기간을 설정해서 개수를 세어보는 것이다.

셋째, 구글 트렌드다. 구글 트렌드를 이용해서 관심도를 측정하는 방법도 있다. 이것은 주로 두 개 이상의 키워드 중에서 어떤 것에 더 관심이 많은지 알아볼 때 편하다. 여러 개의 키워드를 바로 비교할 수 있기 때문이다.

이처럼 여러 지표를 통해 사람들의 관심이 쏠리는 것을 확인했다면 일단 큰 이슈라고 할 수 있다. 이제 집중해야 할 대상을 선별하고 데이터를 모아서 판단해야 한다. 글로 읽으면 단순한 작업 같아 보이지만 실제로 어떤 사건이 발생했을 때 직접 해보면 굉장히 유용한 방법이라는 것을 깨닫게 될 것이다. 격변하는 한국 증시에서 살아남는 소중한 생존 방법이다.

우리는 지금까지 과거 역사를 통해 미래를 대비하는 긴 여정을 지나왔다. 이 책을 통해서 한국 증시를 대하는 마음이 조금은 달라졌으면 한다. 이 세상에 자기만 옳다고 주장하는 사람들은 너무 많다. 그 사람들이 정말 맞는지 알기 위해서는 데이터로 검증하는 수밖에 없다. 다른 사람을 믿지 말고 나 자신을 믿고 나아가다 보면 반드시 성공할 것이다. 험난한 한국 증시를 헤쳐나가는 여러분 모두를 응원한다.

주식 시장은 되풀이된다

초판 1쇄 인쇄 2022년 6월 8일 **초판 1쇄 발행** 2022년 6월 22일

지은이 효라클(김성효)
펴낸이 이승현

편집2 본부장 박태근
MD독자 팀장 최연진
편집 임경은
디자인 함지현

펴낸곳 ㈜위즈덤하우스 **출판등록** 2000년 5월 23일 제13-1071호
주소 서울특별시 마포구 양화로 19 합정오피스빌딩 17층
전화 02) 2179-5600 **홈페이지** www.wisdomhouse.co.kr

ⓒ 효라클, 2022

ISBN 979-11-6812-344-1 03320